レディー&ジェントルマン・エリート教育

西武学園文理高等学校

文理祭（文化祭）

9/13（土）10:00～15:00
9/14（日）10:00～14:15

高等学校および入試説明会※

第1回	9/27（土）	第2回	10/18（土）
第3回	11/ 8（土）	第4回	11/23（祝）

エリート選抜東大クラスおよび特待生説明会※

第1回	10/25（土）	第2回	11/15（土）

理数科説明会※

第1回	10/18（土）	第2回	11/22（土）

英語科説明会※

第1回	9/27（土）	第2回	11/15（土）

推薦入試（単願・併願）個別相談会〈すべて要予約〉

10/25（土）	11/ 8（土）	11/15（土）	午後のみ
11/22（土）	11/23（祝）	12/ 6（土）	
12/21（日）	全日		

※いずれも14:00～

《平成26年度主要大学合格実績》

東京大学23年連続合格!

東京大学１名　京都大学１名
一橋大学２名　東京工業大学１名

国公立大学医学部 ４名

（筑波大学１名　鳥取大学１名 他）

医歯薬獣医看護 106名

生徒一人ひとりの進路に適した学科・クラス編成

- エリート選抜東大クラス（東大・京大進学コース）
- 理数科（理数進学コース）
- 英語科（英語進学コース）
- 普通科（文理進学コース）

5つの駅からスクールバスを運行!!

多方面から通学可能!!

埼玉県

大宮から…	45分
所沢から…	22分
朝霞台から…	34分
東松山から…	35分
高麗川から…	31分
西武秩父から…	69分

東京都

池袋から…	51分
上石神井から…	45分
小平から…	29分
拝島から…	50分
八王子から…	60分
立川から…	50分

CAMPUS ACCESS

■スクールバス「西武文理」行き終点下車

西武新宿線「新狭山駅」北口	（約８分）
JR埼京線・東武東上線「川越駅」西口	（約20分）
JR八高線・西武池袋線「東飯能駅」東口	（約25分）
西武池袋線「稲荷山公園駅」	（約20分）
東武東上線「鶴ヶ島駅」西口	（約20分）

〒350-1336 埼玉県狭山市柏原新田311-1　TEL 04-2954-4080（入試広報）

http://www.bunri-s.ed.jp/

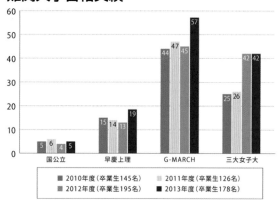

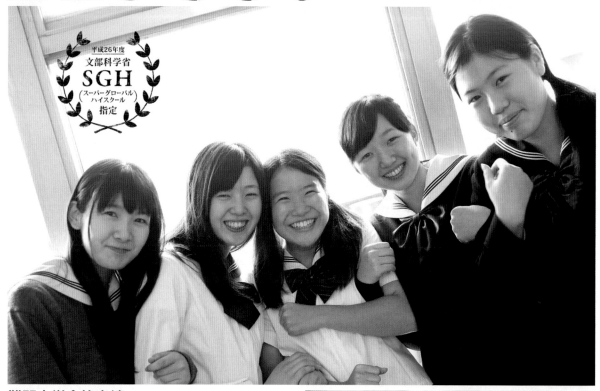

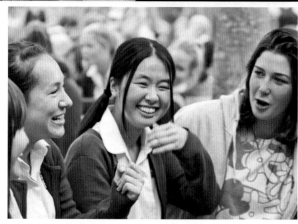

Success15 fifteen

サクセス15
October 2014
10

http://success.waseda-ac.net/

CONTENTS

09 大学生の先輩に聞く
2学期から伸びる勉強のコツ

16 知的なゲーム
「ディベート」の魅力とは

24 SCHOOL EXPRESS
何事にも全力で取り組む
自由・闊達な校風が魅力
筑波大学附属駒場高等学校

28 海外大学進学も視野に
生徒の学習を的確支援
富士見丘高等学校

30 School Navi 191
工学院大学附属高等学校

31 School Navi 192
淑徳巣鴨高等学校

34 Focus on 公立高校
自主的・自律的精神を涵養し
グローバル・リーダーとなる人材を育成
千葉県立薬園台高等学校

REGULAR LESSONS

21 東大手帖～東大生の楽しい毎日～
40 和田式教育的指導
44 正尾佐の高校受験指南書
48 東大入試突破への現国の習慣
50 楽しみmath数学! DX
53 英語で話そう!
55 世界の先端技術
58 みんなの数学広場
64 先輩に聞け! 大学ナビゲーター
67 ミステリーハンターQの歴男・歴女養成講座
69 あれも日本語　これも日本語
71 あたまをよくする健康
73 サクニュー!
75 サクセス書評
77 Success Cinema
79 なんとなく得した気分になる話
81 高校受験ここが知りたいQ&A
83 サクセスランキング
86 15歳の考現学
88 私立INSIDE
92 公立CLOSE UP
96 高校入試の基礎知識
100 中学生のための学習パズル
102 私立高校の入試問題に挑戦!
104 サクセス広場
105 イベントスケジュール
110 Success15 Back Number
111 さくいん
112 編集後記

information
ーインフォメーションー

早稲田アカデミー
各イベントのご紹介です。
お気軽にお問い合わせください。

中2・3対象 日曜特訓講座

お申し込み受付中
お近くの早稲田アカデミー各校舎までお気軽にどうぞ

一回合計５時間の「弱点単元集中特訓」！

難問として入試で問われることの多い“単元”は、なかなか得点源にできないものですが、その一方で解法やコツを会得してしまえば大きな武器になります。早稲田アカデミーの日曜特訓は、お子様の「本気」に応える、テーマ別集中特訓講座。選りすぐりの講師陣が、日曜日の合計５時間に及ぶ授業で「分かった！」という感動と自信を、そして揺るぎない得点力をお子様にお渡しいたします。

中２必勝ジュニア　中２対象

科目…英語・数学　時間…13：30 ～ 18：45
日程…9/7・28、10/12、11/9、12/7、1/18

「まだ中２だから……」なんて、本当にそれでいいのでしょうか。もし、君が高校入試で開成･国立附属･早慶などの難関校に『絶対に合格したい!』と思っているならば、「本気の学習」に早く取り組んでいかなくてはいけません。大きな目標である『合格』を果たすには、言うまでもなく全国トップレベルの実力が必要となります。そして、その実力は、自らがそのレベルに挑戦し、自らが努力しながらつかみ取っていくべきものなのです。合格に必要なレベルを知り、トップレベルの問題に対応できるだけの柔軟な思考力を養うことが何よりも重要です。さあ、中２の今だからこそトライしていこう!

中3日曜特訓　中３対象

科目…英語・数学・理社　時間…13：30 ～ 18：45
日程…9/14、10/5・26、11/9・16・30、12/7

いよいよ入試まであと残りわずかとなりました。入試に向けて、最後の追い込みをしていかなくてはいけません。ところが「じゃあ、いったい何をやればいいんだろう?」と、考え込んでしまうことが多いものです。

そんな君たちに、早稲田アカデミーはこの『日曜特訓講座』をフル活用してもらいたいと思います。1学期の日曜特訓が、中1～中2の復習を踏まえた基礎力の養成が目的であったのに対し、2学期の日曜特訓は入試即応の実戦的な内容になっています。また、近年の入試傾向を徹底的に分析した結果、最も出題されやすい単元をズラリとそろえていますから、参加することによって確実に入試での得点力をアップさせることができるのです。よって、現在の自分自身の学力をよく考えてみて、少しでも不安のある単元には積極的に参加するようにしてください。1日たった5時間の授業で、きっとスペシャリストになれるはずです。さあ、志望校合格を目指してラストスパート!

中3 作文コース

公立高校の記述問題にも対応
国語の総合力がアップ

演習主体の授業＋徹底添削で、作文力・記述力を徹底強化！

推薦入試のみならず、一般入試においても「作文」「小論文」「記述」の出題割合は年々増加傾向にあります。たとえば開成の記述、慶應女子の600字作文、早大学院の1200字小論文や都県立推薦入試や一般入試の作文・小論文が好例です。本講座では高校入試突破のために必要不可欠な作文記述の“エッセンス”を、ムダを極力排除した「演習主体」のカリキュラムと、中堅校から最難関校レベルにまで対応できる新開発の教材、作文指導の“ツボ”を心得た講師陣の授業･個別の赤ペン添削指導により、お子様の力量を合格レベルまで引き上げます。また作文力を鍛えることで、読解力･記述式設問の解答能力アップも高いレベルで期待できます。

- **9月～12月**（月４回授業）　● **曜　日**　（校舎によって異なります）
- **時　間**　17：00～18：30（校舎によって異なります）
- **入塾金**　21,600円（基本コース生は不要）
- **授業料**　12,500円／１ヶ月（教材費を含みます）

9月開講 受付中

「日曜特訓講座」「作文コース」に関するお申し込み・お問い合わせは最寄りの

早稲田アカデミーまたは **本部教務部 03（5954）1731** まで

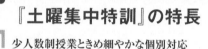

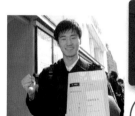

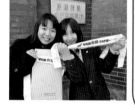

開成・国立附属・慶女・早慶附属・都県立トップ

中3 必勝コース

必勝5科コース 筑駒クラス、開成クラス 国立クラス

必勝3科コース 選抜クラス、早慶クラス 難関クラス

講師のレベルが違う

必勝コースを担当する講師は、難関校の入試に精通したスペシャリスト達ばかりです。早稲田アカデミーの最上位クラスを長年指導している講師の中から、さらに選ばれたエリート集団が授業を担当します。教え方、やる気の出させ方、科目に関する専門知識、どれを取っても負けません。講師の早稲田アカデミーと言われる所以です。

テキストのレベルが違う

難関私国立の最上位校は、教科書や市販の問題集レベルでは太刀打ちできません。早稲田アカデミーでは過去十数年の入試問題を徹底分析し、難関校入試突破のためのオリジナルテキストを開発しました。今年の入試問題を詳しく分析し、必要な部分にはメンテナンスをかけて、いっそう充実したテキストになっています。毎年このテキストの中から、そっくりの問題が出題されています。

生徒のレベルが違う

※ No.1 表記は 2014 年 2 月・3 月当社調べ

必勝コースの生徒は全員が難関校を狙うハイレベルな層。同じ目標を持った仲間と切磋琢磨することによって成績は飛躍的に伸びます。開成 79 名合格（7 年連続全国 No.1）、慶應女子 77 名合格（6 年連続全国 No.1）、早慶附属 1431 名合格（14 年連続全国 No.1）でも明らかなように、最上位生が集う早稲田アカデミーだから可能なクラスレベルです。早稲田アカデミーの必勝コースが首都圏最強と言われるのは、この生徒のレベルのためです。

必勝コース実施要項

日程		
9月	7日・14日・21日・28日	毎週日曜日 全20回
10月	5日・12日・26日・11月2日	
11月	9日・16日・23日・30日	
12月	7日・14日・21日・23日(火・祝)	
1月	11日・12日(月・祝)・18日・25日	

時間・料金

必勝5科コース 筑駒 開成 国立 クラス

［ 時間 ］9:30～18:45(英語・数学・国語・理科・社会)

［ 料金 ］31,300円/月

必勝3科コース 選抜 早慶 難関 クラス

［ 時間 ］13:30～18:45(英語・数学・国語)

［ 料金 ］21,900円/月

※入塾金 10,800円(基本コース生は不要)　※料金はすべて税込みです。

特待生 選抜試験成績優秀者には特待生制度があります。

2014年高校入試実績

14年連続 全国No.1 3科最難関　**早慶高（二次）1431名合格！** 7校定員約1610名

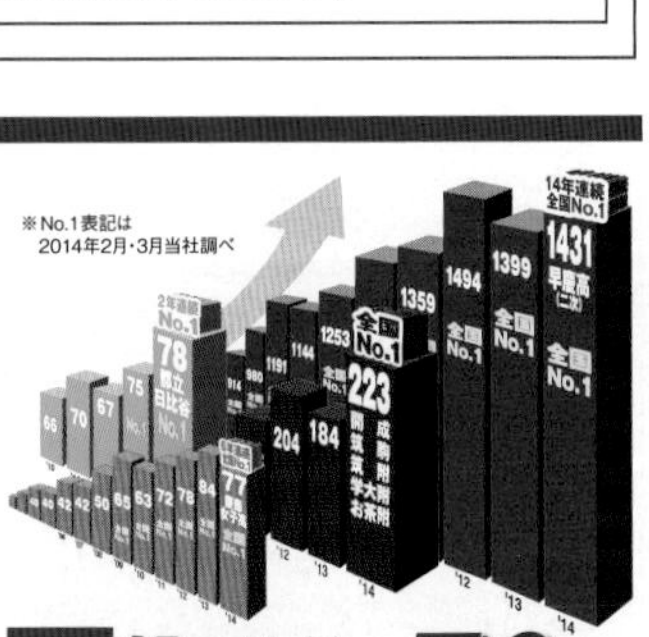

全国No.1 5科最難関　**開成高・筑駒高・筑附高・学大附高(二次)(内部進学含む)・お茶附高 223名合格**

6年連続全国No.1 女子私立最難関　**慶女高 77名合格**

2年連続No.1 都立最難関　**都立日比谷高 78名合格**

一流中学 高校受験 **早稲田アカデミー**

大学生の先輩に聞く

2学期から伸びる勉強のコツ

２学期に入り、これまで以上に受験勉強に燃えている３年生のみなさんへ贈るのが、今回の特集です。高校受験、大学受験を経て、見事難関大学へ進学した経歴を持つ現役大学生の先輩方に、高校受験のころを振り返ってアドバイスをお聞きしました。貴重な意見を参考に、２学期でさらなる実力アップをめざしましょう！

東京大学
経済学部経営学科3年生
阿部《あべ》 友厚《ともあつ》さん
出身高校：東京学芸大学附属

慶應義塾大学
経済学部経済学科3年生
小寺《こでら》 早紀《さき》さん
出身高校：慶應義塾女子

東京大学
文学部歴史文化学科
西洋史学専修コース4年生
山下《やました》 陸《りく》さん
出身高校：東京都立西

早稲田大学
国際教養学部
国際教養学科4年生
吉田《よしだ》 愛美《なるみ》さん
出身高校：茨城県立竹園

慶應義塾大学
経済学部経済学科3年生
郭《かく》 日恒《にっこう》さん
出身高校：ラ・サール

2学期を迎えて新たに始めたこと・心境の変化

通塾スタート

早稲田大　吉田さん

塾に通い始めました。それまでは問題集の解答や解説を頼りに勉強していましたが、塾に通ったことで、わからないところは先生に聞いて理解できるようになったし、「１度解いてわかったつもりでも、忘れてしまっているかもしれないから、期間をおいてからもう１度同じ問題を解くように」という先生のアドバイスも実践していました。塾での勉強はすごく身になったと感じています。

落ち着いて過ごせた

慶應大　郭さん

２学期に入ってからもとくに焦ることはありませんでした。難関校に合格確実だと言われるほど優秀な成績を残している友だちが周りに結構いたので、彼らと比べて自分がどの位置にいれば大丈夫だという目安があったからかもしれません。そんな優秀な友だちと勉強していたことがモチベーションの維持にもつながったと思います。

勉強に集中し始めた

慶應大　小寺さん

夏休み前半は部活動、英語のスピーチ大会、ピアノのコンクールなどがあり、塾の夏期講習も受けられないくらい本当に忙しかったので、ようやく勉強に専念できるようになったのが２学期からでした。

所属していた卓球部には朝練があって早起きしていたので、夏休みに部を引退してからもそのまま早起きをして、朝練をしていた時間に勉強をしてから学校に行っていました。

過去問に着手

東京大　山下さん

受験を本格的に意識しだして過去問を解いてみました。進学した西高のもの以外に、日比谷高や筑波大附属高の問題も解いてみましたが、どれも100点中20点くらいしか取れなかったので、しっかり勉強しなければと思い直しました。

また、それまで以上に学校の授業に集中するようになりました。授業中に塾の問題集をやっている子もいましたが、ぼくは学校の授業を100％吸収して、使っている教科書も100％わかるようになろうと、授業をまじめに受けていました。そのおかげで、基礎はしっかり身につきました。

自習時間を増やした

東京大　阿部さん

塾で勉強する以外に、自分で勉強する時間をもっととらないとと思い、電車通学中などのスキマ時間を活用するようになりました。英単語帳を読んだり、過去問で間違えた問題をコピーしたものをまとめて持ち歩いていたので、それを解いたりしていました。

あとは、だらだらとテレビを見るのをやめて、見たい番組しか見ないようにしたり、寝る前に１日の振り返りをするようになりました。「合格に向けて前に進んでいるかな」、「最近理科をあまりやっていなかったな」など、自分自身と向きあう時間を作りました。

当時を振り返っての反省点

勉強量が少なかった

東京大　山下さん

高校受験は初めての受験で、どれくらい勉強すればいいのかわからなかったこともあり、大学受験のときと比べると、勉強量が格段に少なかったと思います。大学受験では食事と睡眠以外は勉強しかしていませんでしたが、そこまでストレスが溜まることもなく乗り越えられたので、高校受験でももっと勉強すればよかったな、と思いました。ほかにも、勉強はほとんど自宅だけでしていたので、塾の自習室も使えばよかったなど、反省点は色々ありますが、その反省点を大学受験に活かすことができました。

\これをやって受かった！　おすすめ勉強法/

演説型勉強法&ゴールイメージ

東京大　阿部さん

演説型勉強法をおすすめします。大学受験のときに実践していた勉強法で、歴史をストーリーとしてだれかに説明することで、自分も理解を深める、という勉強です。説明する側もされる側もどちらにもメリットがあるのでおすすめです。１人でも家で身振り手振りを交えてすることもありましたね。

また、ゴールイメージを持つことも大切だと思います。定期テストで何点取るとか、ライバルのあの子に勝ちたいとか、そういう目の前のことだけではなく、先のことを考えて、第１志望校の受験日までに何割以上取れるようになるという目標を設定していました。

過去問で良問に出会う

慶應大　郭さん

２学期以降重要なのは、良問が多く出題される学校の過去問をたくさん解くことだと思います。とくにラ・サールは良問が多かったので昭和のものまでさかのぼっていました。過去問をたくさん解くことで出題傾向がわかってきて、出題傾向を意識しながら勉強できたのがよかったですね。

ちなみにぼくが思う良問とは、奇抜な問題やアイディア勝負の問題ではなく、解法がほかの問題にも適用できたり、ベーシックな解き方を理解させてくれるような問題です。

暗記が大事！

東京大　山下さん

やはり勉強には暗記が大切だと思います。友だちと問題を出しあって競いあったり、１つの問題集を何回も繰り返したりと、色々な暗記法を試しましたが、なによりも暗記することで知識が１つひとつ増えていくのが楽しかったですね。

あとは色々な人のアドバイスを取り入れて、寝る前に単語の暗記をしてみたり、試験の時間を調べてその時間は頭が働くように生活リズムを整えたりしていました。

解いて終わりにしない

早稲田大　吉田さん

問題集などを解いたあとは、ただ答え合わせをして終わるのではなく、なぜこの答えになるのか、どうして解けなかったのか、という解答にいたる流れや間違えた理由までをきちんと考えて理解を深めるようにしていました。

模試の復習

慶應大　小寺さん

模試の復習はしっかりやるべきです。受験勉強は全体をまんべんなく勉強するより、苦手なところを重点的にやった方がいいと思うので、模試で間違えたところを何度も復習することは、苦手克服につながると思います。

私は、自分が通っていた塾が主催する模試だけではなくて、他塾の模試も受けに行きました。他塾の模試には慣れていないので、通っている塾の模試のように偏差値が出なくてショックを受けましたが、自分よりできる子たちに出会うことで刺激ももらえるし、新たに復習すべき点も見えてきました。

夏休みに基礎固め

東京大　阿部さん

秋になってからも知らない知識が多かったので、夏休みの間にもっと基礎固めをしておけばよかったです。なにから手をつけていいかわからない場合は、やらなければいけないことをリストアップして、自分に必要なことを考え直してみるのもいいかもしれません。

もっと小テストを…

早稲田大　吉田さん

塾では結構頻繁に小テストが行われていて、その点数を開示して順位を競いあう、という取り組みをやっていました。でも、私はその小テストの競いあいに対してモチベーションが低くて、順位をあまり気にしていませんでした。しかし、やはり順位に関心があって、盛りあがっている子の方が成績も上位を占めていたので、私ももう少し負けず嫌いになって頑張ればよかったと思います。

各教科の勉強法

国語

1つの文章を読み込む

東京大　阿部さん

国語は最後まで成績が不安定でした。自分が見たことのある問題が再度本番で出てくることはなかなかないと思うので、どんな問題が出てきても解けるようにならなくてはいけません。そのために、まずは1つの文章にじっくり取り組みました。そうすることで、自分が間違えやすいパターンがわかってきて、文章を読む力が身についてきます。国語は暗記する項目が少ないので、漢字や古文単語などを覚えたうえで、1つの問題を集中して繰り返し解くのが大切だと思います。

定期的に問題に触れる

慶應大　郭さん

国語にしばらく触れなかった時期があって、そのときに成績がガタっと落ちてしまいました。そのことがあってから、夏以降は2～3日に1回は過去問を解くようにするなど、定期的に問題に触れることを意識していました。知識系の問題は、塾でやっていた小テストでまかなっていました。

塾での対策

慶應大　小寺さん

自分が受けようと思っていた学校には、文節を区切る問題や作文など、特徴的な問題があったので、それぞれ塾で対策していました。また、漢字も塾で配られる問題集で対策していましたし、直前期に配られたまとめ本をお守りがわりにするなど、塾のプリントやテキストをよく活用していました。

数学

過去問を何周も

東京大　山下さん

過去問と、さまざまな高校の入試問題が抜粋されている問題集の少しレベルが高めのものを何周も繰り返し解いていました。とくに過去問は、市販で売っているぶんにプラスして、西高に通う先輩からゆずってもらったりと、手に入るぶんだけ手に入れて何周も解いていました。初めは全然解けませんでしたが、繰り返していくうちに、だんだん解き方がわかるようになりました。1つひとつの問題の解き方を理解していくと、それまで出てきた解法を組みあわせることで新たな問題にも対応することができました。

基本と応用をバランスよく

早稲田大　吉田さん

自分で数学を勉強するときは、基本問題に取り組んで、応用問題は塾で解くことが多かったです。基本問題は基礎的な問題というよりも、学校で習う範囲の問題で、応用問題は学校では習わないような難しめの問題でした。塾の先生に聞いたりしながらわからないところを勉強しているうちに、苦手だった数学もおもしろく感じるようになりました。

解き直しが大事

慶應大　郭さん

ぼくも過去問を始めたばかりのときは3割ぐらいしか解けませんでしたが、良問に触れながら解き方を覚えていくうちに徐々に成績が伸びていきました。解く問題は塾の先生が選んでくれていました。「解いてそのままにしておくのはよくないので、解き直しを必ずするように」という教えがすごくためになって、数学は本当に伸びましたね。さらに、『高校への数学』（東京出版）という雑誌の成績優秀者が誌面上で発表される学力コンテストに応募もしていて、最高で全国4位になったこともあります。

悔しさをバネに

慶應大　小寺さん

同じ問題を間違えないようにと、中1のころは間違えた問題をコピーしてノートに貼りつけて、問題の下に答えを書く「苦手ノート」を作っていました。数学はとても苦手だったので、悔しい思いもたくさんしましたが、その悔しさをバネにして、頑張って勉強していましたね。難しい問題をたくさん解くことで、どんな問題もラクに感じるようになるので、数をこなすのがポイントだと思います。

英語

とにかく音読
東京大　阿部さん

　音読をずいぶんやりました。リスニングが本当に苦手だったので、「自分で英語を発音して、それを耳で聞くといい」という先生からのアドバイスをもとに、すらすら発音できるレベルになるまで音読していました。この音読が読解力の強化にもつながったと思います。

　あとは単語、文法、読解、リスニングなど、テーマ別に分かれていて小問が並んでいるような問題集をそれぞれ１冊ずつ手に入れて、繰り返し解いていました。

辞書を使わず読めるように
東京大　山下さん

　ぼくもまずは手を動かして、ひたすら単語を覚えました。単語帳の英語部分を赤シートで隠して、日本語部分を見ながら英語を紙に書いていき、のちほど、スペルなどが間違っていないかチェックをして、どんどん単語を覚えていきました。

　長文対策としては過去問を何回も読みました。わからなかった単語は答え合わせのときに辞書で調べて覚えて…ということを繰り返し、西高の文章に関しては辞書などなにも使わなくても読めるようにしました。過去問は本当にやり込みましたね。

単語力をつける
慶應大　小寺さん

　英語はとにかく単語を頑張りました。塾内で行われていた英単語テストにはたくさんの級があって、周りは途中で諦めてしまう子が多かったのですが、私はゴールの１級まで頑張って、中３の秋に合格しました。そのおかげで単語力はついたと思います。

社会・理科

好みの問題集を使う
早稲田大　吉田さん

　私は一問一答形式の問題集が好きでよく使っていました。とくに好んで使っていたのは、ひたすら問題を解けるように問題がズラーっと並んでいて、あとからまとめて答え合わせができるタイプの問題集です。問題集を選ぶときは、自分が気に入った形式のものを選ぶことがポイントだと思います。あとはひたすら頑張って暗記して、わからないところがあったら、覚えきれるまで同じ問題を繰り返し解いたりしていました。

流れを意識して覚える
東京大　阿部さん

　歴史は出来事が起こった年代をたくさん覚えるよりも、どちらの出来事が先に起きたかを知っている方が問題を解きやすいときもあるので、流れを大切にしながら勉強していました。知識を頭に入れるだけではなくて、それを線として覚えることが重要です。

　また、歴史漫画や大河ドラマで、歴史感覚を養うのもおすすめです。それらを見たからといってすぐに歴史の成績があがるようにはなりませんが、問題の選択肢を見たときに「あのドラマで織田信長が怒っていた相手と同盟を結ぶなんておかしいぞ」と違和感を覚えることもあるので、感覚を養うのもタメになります。

先生に教えてもらう
慶應大　郭さん

　理科が苦手だったので、塾は個別指導と全体指導の両方に通っていました。とくに物理分野が苦手でわからないことが多かったので、過去問などを使いながら先生に教えてもらいました。

スランプはあった？

NO
早稲田大　吉田さん

中２のころに部活動をやりすぎて成績が落ちたことはありましたが、受験勉強は順調に進み、学力もあがっていきました。

NO
東京大　山下さん

模試はずっとＡ判定でした。ただ、併願の私立校受験当日にすごく緊張してしまい、かなり焦りました。最初が英語の試験だったのですが、問題を見ても内容が全然頭に入ってこなくて、もうダメかと思いました。その入試は結局ギリギリで合格できましたが、最初の試験はすごく緊張することがわかりましたね。

NO
慶應大　郭さん

模試の点数などで波があるときもありましたが、それが続くことはなかったと思います。スランプではないですが、夏休みや冬休みに、１日中缶詰め状態でずっと勉強していた時期は精神的につらかったですね。周りの友人たちも同じように受験勉強に取り組んでいたので、その存在に励まされて乗りきることができました。

NO
慶應大　小寺さん

成績が落ちることもなく、高校受験は苦労しませんでした。模試の判定結果はずっと塾でもトップクラスでした。

志望校を決めた時期は？

中3の夏
東京大　山下さん

中３の夏ごろです。志望校として西高を意識していたのは中２くらいからで、所属していたサッカー部の先輩が西高に入ったことをきっかけに、自分も行きたいなと思うようになりました。あとは、文化祭を見に行って、学校の雰囲気がとてもよかったのもポイントになりました。

中1
慶應大　小寺さん

中１のときから慶應女子に決めていました。トップ校への憧れがあったので、女子のトップである慶應女子に絶対行きたいと思っていました。同じく中１のときに初めて慶應女子の文化祭に行って、女子だけでなんでもやるパワーや自由な校風を感じて衝撃を受け、憧れはさらに強くなりました。慶應大へ進めることも魅力でした。

中3の夏
早稲田大　吉田さん

私は茨城県出身で、通える範囲の県立高校は４校しかなかったため、志望校選びではあまり悩むことはありませんでした。そのうち２校に絞り、１校は偏差値が高めで、もう１校はそこよりも行きやすいレベルの学校で、結局後者を選びました。自分の学力に見合っているのはどちらかということと、通学のしやすさが志望校を決めた要因でした。

勉強は朝型？　夜型？

夜型
早稲田大　吉田さん

朝早く起きて勉強するということはとくにやりませんでした。

朝型
東京大　阿部さん

朝に強いタイプだったので、普段からいつも早く起きていました。入試直前期には、学校に行く前に勉強していました。暗記ものや過去問などに取り組んでいたと思います。朝に勉強しておくと、達成感もあり気持ちも楽になりましたね。夜は22時前に寝ることが多かったです。

朝型
慶應大　小寺さん

夜は０時には寝るようにしていました。朝にも勉強していました。部活動で朝練をしていたので早起きの習慣はありました。

部活動を引退するまでは朝早く起きて部活動に行っていたので、引退後はその時間を勉強にあてていました。

朝型
東京大　山下さん

ぼくも完全に朝型でした。朝は６時に起きて、夜は23時にはふとんに入る生活でしたね。朝にはよく苦手科目だった数学の勉強をしていましたが、朝は頭が冴えているので、数学に取り組むにはちょうどよかったんです。大体毎朝１時間ちょっとは勉強していたと思います。

勉強中の息抜き、どうしてた？

ピアノ

慶應大　小寺さん

習い事でやっていたピアノが息抜きでした。ピアノを弾いていると、受験や勉強のことなどなにもかも忘れて熱中することができました。冬くらいまではピアノの先生に習っていましたが、なんでも話を聞いてくれるとてもいい先生で、先生との会話も息抜きになりました。

映画鑑賞・手芸

早稲田大　吉田さん

私は映画が好きだったので、勉強のことを忘れて映画を見たり、あとは中学のころは手芸にはまっていたので、そういった自分の好きなことを集中してやることが息抜きになりました。気分転換ができれば受験へのモチベーションもまたあがるので、ずっと勉強のことを考えなくてもいいんじゃないかと思います。

日本史のマンガ・ゲーム

東京大　山下さん

歴史がとても好きなので、休憩時間には日本史のマンガをよく読んでいました。リラックスもしつつ、日本史なので一応勉強にもつながるつもりでしたね。あとは毎日1時間だけと決めてテレビゲームをして息抜きすることもありました。

キーボードなど

慶應大　郭さん

マンガを読んだり、５つ年齢の離れた弟といっしょに遊んだり。あとは友人と図書館に行くのも気分転換になりましたね。また、夏の前までは友だちとジャズバンドを組んでキーボードを弾いていたので、その練習も息抜きの１つでした。珍しいので、地元の新聞にも取りあげられたこともありました。夏以降は受験勉強を重視してほとんどバンド活動はやらなかったのですが、キーボードの練習は夏以降でもごくたまにやっていました。

マンガ・散歩など

東京大　阿部さん

息抜きは大事ですね。自分にとってストレス発散になるものをなにか１つ持っておくといいと思います。ぼくはマンガを読んだり、散歩をしたり。あとは昼寝ですね。寝ると大抵スッキリできます。いつもと勉強場所を変えるのも気分転換できると思います。ぼくは普段リビングで勉強していたので、自分の部屋でやったり、カフェでやったり色々場所を変えていました。

励ましのメッセージをください！

携帯の電源を切って集中して　慶應大　小寺さん

受験勉強に集中するには、まずは携帯電話の電源を切るところから始めてください。私は高校受験のころは携帯を持っていませんでした。周りの友だちは結構持っていたし、あったら便利だったと思いますが、友人と気軽に連絡が取れない状況だったので、そのぶん勉強に集中することができました。志望校に受かったら本当に楽しい生活が待っています。まずは受験に集中して、頑張ってほしいです。

自分の実力を信じて　東京大　山下さん

おさえの高校を受けたときに緊張して実力を出せなかったときは、「もうダメなのかな」とかなり落ち込みましたが、帰宅して両親と話しているうちに「緊張して焦っただけで実力はついているはず。次は落ち着いてやれば大丈夫」と思い直すことができました。焦ったとしても、最後まで自分の実力を信じることで余裕が生まれると思います。頑張ってください。

緊張しすぎに注意！慶應大　郭さん

「おすすめ勉強法」でも伝えましたが、夏以降の２学期からは、とくに過去問対策が重要で、そのなかから良問をたくさん解くことで実力を大きく伸ばせると思うので、おすすめします。また、自分は上位の学校ほど試験当日に緊張してしまいました。まったく緊張しないのもよくないとは思いますが、しすぎにも注意してください。

自分としっかり向きあう　東京大　阿部さん

受験は自分の人生を考える大きなイベントということもあり、自分と向きあうとてもいいチャンスだと思います。勉強方法や内容なども、塾や学校の指導に身を任せるだけじゃなく、１つひとつを自分で考えてみてほしいです。その方が受験が終わったあとの達成感も強いし、自立心もついて精神的にも鍛えられ、さらには自分に合ったやり方も見えてくると思います。

受験勉強を楽しんで！

早稲田大　吉田さん

高校受験は、志望校は違っても出題範囲は同じなので、学校の友人といっしょに勉強ができて楽しかったです。こんな風に、受験勉強を楽しむのがいいと思います。友だちと勉強するのもいいし、おもしろそうだと思ったり、気になった問題を解いてみて、解けた感覚を味わうなど、自分が好きなように楽しんで勉強に取り組むのが一番だと思います。

知的なゲーム

「ディベート」の魅力とは

みなさんは「ディベート」（討論）を知っていますか。いま、授業や部活動でこのディベートを取り入れる学校が増えています。ディベートとはどんなもので、どんな力が身につくのでしょうか。全国教室ディベート連盟の藤川大祐理事長と、高校の部活動でディベートに取り組んでいる高校生と先生にお話を伺いました。8月に行われた「ディベート甲子園」の模様もお伝えします。

ディベートって??

全国教室ディベート連盟

ディベート教育の普及を目的に1996年（平成8年）に発足。指導法や教材を開発し、全国にディベート活動を広めている。ディベート甲子園を開催。

藤川《ふじかわ》 大祐《だいすけ》さん
全国教室ディベート連盟理事長
千葉大学教育学部教授

ディベートとは、1つの論題に対して肯定側・否定側という異なる2つの立場に分かれて、第三者であるジャッジを説得するゲームです。決して相手を言い負かすものではありません。そして、ディベートで重要なことは、自分の意見ではなく、あくまで決められた立場に立って意見を述べるということです。

全国教室ディベート連盟は、中高生がディベートに取り組みやすいように、論題に対して肯定側はメリットを、否定側はデメリットを述べるというルールを決めています。論題は国の政策についてです。

それぞれの立場に立った主張を作りあげるためには、まず論題に関する資料を集めなければいけません。図書館やインターネット上のデータベースを利用して、多くの論文や文献を探し出し、それを読み込みます。そのなかから情報の取捨選択を行い、賛成・否定の立論、相手の立論を想定した反駁《はんばく》（相手方の議論に対する反論）などの原稿を書いていきます。原稿を書く過程で論題を深く掘り下げていくので、その論題に関する社会的、科学的な知識が身についていきます。また、統計的な資料は必ず使うので、そこから情報を読み取る数学的な力も養われていきます。

原稿ができあがると、試合に向けて話す練習を重ねます。そして話すだけでなく、聞くということもディベートでは重要です。相手がどのような根拠から主張を導き出しているのかという話の論理構造を理解しながら聞かなければいけません。そのうえで質疑、反駁を行い、相手の主張を上回らなければ勝つことはできないのです。

ディベートに取り組むことで、読む・書く・話す・聞くという言語能力はもちろん、論理的な考え方が身についていきます。こうして培われる能力は、レポートや論文、会議など、さまざまな場面で役立ちます。

ディベートに少しでも興味を持った方は、まず試合を観戦してみてください。そして、選手の話を聞きながら、メモを取ってみましょう。選手があげている証拠資料、どのような論理構造で主張を行っているのかを考えながら聞くと勉強になります。そして、仲間を見つけてぜひ挑戦してみてください。（談）

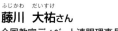

第19回ディベート甲子園（高校の部）

【日　程】２０１４年８月８日（金）～10日（日）

【論　題】「日本は外国人労働者の受け入れを拡大すべきである。是か非か」

【参加校】32校

【対戦方式】肯定側・否定側に分かれた２チーム対抗戦

【チーム構成】１チーム４名（立論・質疑・第１反駁・第２反駁、各１名）

【試合の流れ】

肯定側立論６分
準備時間１分
← 否定側質疑３分
準備時間１分
← 否定側立論６分
準備時間１分
← 肯定側質疑３分
準備時間１分
← 否定側第１反駁４分
準備時間２分
← 肯定側第１反駁４分
準備時間２分
← 否定側第２反駁４分
準備時間２分
← 肯定側第２反駁４分

予選組み合わせ

高　校

<1組>	修猷館	創価	千種	富山中部
修猷館高(福岡)				
創価高(東京)				
千種高(愛知)				
富山中部高(富山)				

<2組>	灘	慶應	岡山白陵	南山女子
灘高(兵庫)				
慶應義塾高(神奈川)				
岡山白陵高(岡山)				
南山高女子部(愛知)				

<3組>	早大学院	精道三川台	城東	函館
早大学院(東京)				
精道三川台高(長崎)				
城東高(徳島)				
函館ラ・サール高(北海道)				

<4組>	能代	洛南	熊本	名城大附
能代高(秋田)				
洛南高(京都)				
熊本高(熊本)				
名城大附属高(愛知)				

高　校

<5組>	開成	岡山操山	富山第一	文徳
開成高(東京)				
岡山操山高(岡山)				
富山第一高(富山)				
文徳高(熊本)				

<6組>	女子聖	関西創価	小倉	岡崎
女子聖学院高(東京)				
関西創価高(大阪)				
小倉高(福岡)				
岡崎高(愛知)				

<7組>	広島	愛知啓成	会津	青雲
広島学院高(広島)				
愛知啓成高(愛知)				
会津高(福島)				
青雲高(長崎)				

<8組>	東海	北嶺	渋谷幕張	膳所
東海高(愛知)				
北嶺高(北海道)				
渋谷教育学園幕張高(千葉)				
膳所高(滋賀)				

・判定は３名のジャッジによる多数決で行われます。
・勝敗とは別に、話し方や話す速度などのコミュニケーション点が評価されます。
・肯定側、否定側いずれの立場になるかは当日まで発表されません。
・予選では８組に分かれ試合を行い、組のなかから上位２チームが全体のリーグ戦へと進みます。

ディベート甲子園は全国ディベート連盟が設立された１９９６年（平成８年）に第１回が開催され、今年で19回目、来年は節目の20回目を迎えます。中学・高校の２つの部があり、中高生の日本語のディベート大会としては、現在唯一の全国大会です。

　今回は、９日に行われた東海地区代表・南山高女子部（肯定）と関東甲信越地区代表・慶應義塾高（否定）の試合の様子をお伝えします。

　会場には選手８名、ジャッジ３名、司会１名、そして多くの観客が集まっていました。緊張感のある空気が会場に流れ、観客が静かに見守るなか試合がスタートしました。

　まずは肯定側の立論です。担当の選手は緊張した面持ちですが、ジャッジに向かってしっかりと主張を伝えます。次の否定側立論の選手も落ち着いた様子です。立論のあとは質疑、反駁がそれぞれ行われます。１試合は審議の時間も含め１時間10分ですが、その時間を長いと感じることはありません。ジャッジに向かって堂々と話す選手の姿から目が離せず、論題についてしっかりと調べていることが伝わってくる言葉の数々に聞き入ってしまいます。

　会場には他校の生徒も来ていました。メモを取りながらその学校の戦い方を分析し、今後の試合に備えているのです。このように控えの選手もサポートに回り、４名の選手とともに戦うのがディベートです。

　結果は南山高女子部の勝ちとなり、４名の選手から笑顔があふれました。残念ながら負けてしまった慶應義塾高からは悔しさが伝わってきましたが、最後に両チームで握手を交わす姿から、どちらも精一杯戦ったことが感じられました。

　大会の様子はインターネット上にアップされているので、ぜひ一度見てみてください。ディベートに真剣に取り組む中高生の姿に引き込まれてしまいます。

　みなさんも高校でディベートに挑戦し、ディベート甲子園をめざしてみてはいかがでしょうか。

試合の様子。質疑では両方のチームの選手が前に出てきます。

千葉県立千葉高等学校 弁論部

顧問
小《お》川《がわ》 勝《まさる》先生

部長
浅《あさ》尾《お》 碧《たま》城《き》さん（高2）

千葉県立千葉高等学校（以下、県立千葉）の弁論部は、ディベート大会での活動をメインに、弁論大会にも出場しているクラブです。

現在は高2が6人と高1が1人の7人で活動しています。ディベート大会、弁論大会への出場や、それに向けた準備に加え、裁判所や法廷などの見学・傍聴なども行っています。ほとんどの生徒が兼部をしており、勉強やほかの部活動と同時に活動ができるのも県立千葉の弁論部の魅力です。

「大会に向けた準備はとても大変ですが、ぼくはディベートが大好きなので、これらをいかに両立するかをいつも考えています。例えばぼくの場合は通学時間が1時間程度あるので、その時間を使って電車のなかで必ず勉強かディベートの準備かのどちらかをするようにしています」と浅尾さんは言います。

1年に3回ある関東甲信越地方大会の公式戦のうち、ディベート甲子園の予選を兼ねる夏以外の、春、秋に関しても、できるだけ出場しています。県立千葉の弁論部は他地域の大会に出場した経験はないということですが、無料通話アプリのスカイプを使って遠方の学校と交流したり試合をしたりすることもあるそうです。

浅尾さんはディベートのおもしろさについて「試合に向けてたくさんの原稿を用意し、それを試合で読んだときに、自分の意図がジャッジや周りの人に伝わって、勝ちにつながったときはすごく充実感を感じます」と言います。

また「あらかじめ用意した内容を相手やジャッジに伝え、相手の反論を聞き、『そういう反論があるけど、それはこうなんだよ』と話していきます。試合の結果もその場でわかりますから、思考の訓練としては最適です。

また、ディベートは人にアピールする力や人の話を聞く姿勢、話し方など、広い意味でのコミュニケーション力が磨かれるので、中高生のみなさんにとってはとてもいい経験だと思います」と顧問の小川先生もディベート活動の意義を説明してくれました。

最後に、弁論部での活動を通してどんな力が身につきましたか、と浅尾さんに尋ねると、試合さながらに「3点あります。まずは『リサーチする力』です。原稿を作るためにたくさんの難しい資料を探して読む必要があります。また、大学で論文を書くときに役立つような資料引用の仕方も学べます。

2つ目は『論理的な思考力がつく』ことです。そして最後に『人前で話せる自信がつく』ことです。例えば全国大会に出れば大勢の人の前で話すことになります。そういうところでも自分の主張を普段通りに話すことができる力というのは、社会に出たときに重要になると思うからです」と、しっかりと筋道を立てて説明してくれました。

ディベート甲子園予選大会の様子

慶應義塾高等学校 ディベート部

ディベート（Debate）という英語に「討論」という日本語をはじめにあてたのが、創立者である福沢諭吉という縁もある慶應義塾高等学校（以下、慶應義塾）のディベート部。現在13人（高3が1人、高2が5人、高1が7人）が所属しています。

県立千葉と同じく、ディベートと弁論の両方を行っており、1年の活動の比重はディベートの方に重きが置かれています。普段の活動は土日も含めて週3日程度ですが、大会が近づいてくると土日も含め活動日数が増えるということです。

対外試合も多く、早稲田大学高等学院、岡山白陵、岡山操山、広島学院、富山第一、東海などと練習試合をします。

また、ディベート甲子園には地方大会での上位チームが出場するため、出場できない都府県も出てきます。神奈川から出場できない時代に、お互い切磋琢磨して出場権を手にしようと始められたのが神奈川強化大会です。慶應義塾、聖光学院、東海大相模、鎌倉学園の4校が集まって、年に数回開かれています。

主将の髙見さんはディベートの魅力について「自分たちが用意した議論に対してどんな反論が来るのかを予想して反駁を立てたり、相手の議論がどんなものかを予想してこちらも組み立てたり。しかもそれがピッタリはまって、ジャッジの方々の判断もこちらの内容通りだったときには『作戦がうまく決まった』と、すごく気持ちよくなります」と説明してくれました。

ディベートをしていて身につく力について「論理的な思考力が磨かれます。例えばテレビで政策の話が出てきたとします。多くの人はそれを見て感想を言って終わりだと思いますが、それに関して『こういう影響があるのでは』といった感じで頭のなかで具体的に考えられるようになりました」、「1つの論題について半年間戦い続けることで調べる能力がつきます。資料の真偽性、信ぴょう性について考える力もつきます」と、髙見さんと古川先生。

部長になって9年目の古川先生は「最初の7年間は全国大会に出られませんでしたが、やっとどのように年間の活動を組み立て、どのような練習をし、どのような機会や場を生徒に提供すればそのなかで生徒が自主的に力をつけるかがわかってきて、部勢があがってきました。部が強くなって部員数も過去最大です。本校には83の部活動がありますが、ディベート部は83番目にできた部で、その重みを感じながら日々活動しています」と話されました。

「ディベートをするためには調べることも多くあって大変ですが、1つのことを深めていく勉強は、受験勉強とはまた違ってとてもおもしろいので、ぜひいっしょに議論を楽しんでもらいたいです」と髙見さん、渡邉さん、油下さんは声をそろえます。

自由闊達な雰囲気のなかで、答えのない問いについて肯定側、否定側の両方で議論を尽くしながら、慶應義塾のディベート部は全国大会をめざしています。

部長 古川《ふるかわ》 晴彦《はるひこ》先生　主務 渡邉《わたなべ》 凌《りょう》さん（高2）　主将 髙見《たかみ》 朗《あきら》さん（高3）　副将 油下《ゆげ》 知広《ともひろ》さん（高2）

ここに、君が育ち、伸びる高校生活がある。

「本来の学校らしさ」を求める高校
充実感のある高校生活と大学進学を目指す。

わたしたちの学校は、勉強に、行事に、そして部活動にも燃える、活気と充実感のある高校です。
「特進」・「コース制」を採用せず、全員に総合的学力と進学学力をつけることをめざしています。

学校説明会

9/20㊏ 10/4㊏（＊文化祭当日10:00～） 10/5㊐（＊文化祭当日10:00～） 10/18㊏
10/26㊐ 11/1㊏ 11/2㊐ 11/8㊏
11/9㊐ 11/15㊏ 11/16㊐ 11/22㊏
11/23㊐ 11/29㊏ 11/30㊐ 12/6㊏
12/7㊐ 12/13㊏ 1/10㊏ 1/24㊏
1/31㊏ ◆14:00開始 ◆申し込みが必要です。

学院祭（文化祭）

10/4㊏・10/5㊐
9:30～16:00
◆入試相談コーナーあり。
◆学院祭当日も学校説明会を実施します。
10:00 開会
◆申し込みが必要です。

■2014年3月・卒業生進路状況

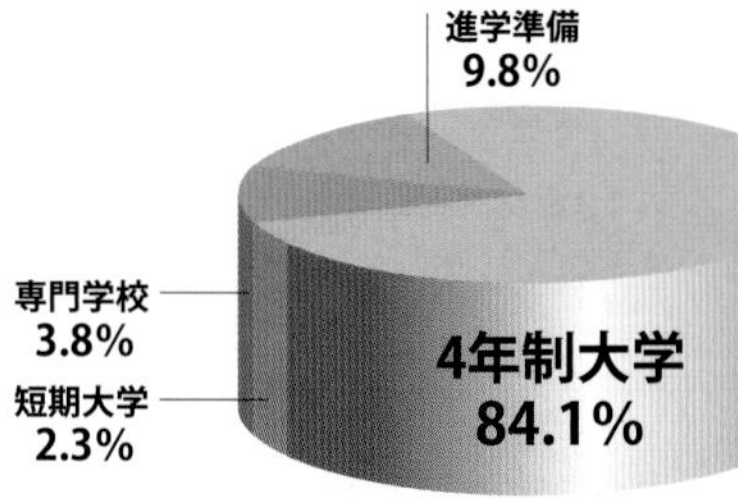

※「申し込み」は個人でお電話か、HPの「お問い合わせフォーム」よりお申し込み下さい。

正則高等学校

●申し込み・お問い合わせ 03-3431-0913 ●所在地：東京都港区芝公園3-1-36
http://www.seisoku.ed.jp

▶日比谷線・神谷町
▶三田線・御成門
いずれも徒歩5分
▶浅草線・大門
▶大江戸線・赤羽橋
いずれも徒歩10分
▶南北線・六本木一丁目
▶JR・浜松町
いずれも徒歩15分

東大手帖 ～東大生の楽しい毎日～

現役東大生が東大での日々と受験に役立つ勉強のコツをお伝えします。

志望校に特化した対策を始めよう

Vol.07

text by 一（イチ）

読者のみなさん、受験する高校はもう決まりましたか。まだ決まっていない人はパンフレットを請求したり、学校を見学したりしながら、できるだけ早く決めましょう。志望校を早めに決めることは、やる気を高める意味でも、勉強をより効率的に行う意味でも、最大の近道です。

私が大学受験で東大の文化三類を第１志望校に決めたのは、高校１年生の冬です。この時期に第１志望校を決めるのは、同級生に比べるととても早かったと思います。早めに志望校を決めたことで、「東大をめざすのなら２年生になるまでに英語の偏差値を 60 以上にしなければならない」などと、勉強の計画を逆算的に早期に打ち立てることができました。また、大学受験では、受ける大学や学部によって受験科目が微妙に異なるため、「東大に合格するためには、地理と歴史を１つずつ頑張らなければならないし、数学も捨てずに勉強しなければならない」と気づくことができました。そして、３年生になってから、これまで勉強していなかった科目を焦って勉強するということもなかったので、ラクに現役で合格できました。

早めに志望校を決めた方がいいというのは高校受験でも言えると思います。「○○高校を本気でめざすなら、いまの数学の成績ではダメだ」と自覚することは、いい意味で焦りにつながり、勉強へのやる気があがるでしょう。さらに、「○×高校ならリスニングは出ないが英作文はよく出る」、「△△高校は都立だが独自問題が出る」などと各校の特徴を知っておけば、リスニングの対策に注ぐ時間を英作文対策に回したり、独自問題の過去問を早めに収集したりすることができ、ムダのない入試対策ができるはずです。計画的に勉強を進めるためにも、遅くとも 10 月までには志望校を確定しておきたいところですね。

「もう決めてるよ！」という人は、さっそく志望校の合格に向けた対策に励んでいることと思います。中学３年生がこの時期から注力し始めたいのは、受験校で過去に実際に出た問題（過去問）への取り組みです。首都圏の大きめの書店では数年ぶんがまとまったものが売られていますし、学校説明会などに参加すると手に入ったりします。

過去問対策がなぜ必要かというと、高校受験では似ている問題が出題される可能性が非常に高いからです。過去問対策を何年ぶんも行えば「△△高校は大問４で毎年、円の図形問題が出ている」、「□□高校は仮定法が毎年出ている」などそれぞれの学校の出題傾向が大体把握できるため、志望校に特化した対策を行えるようになります。また、本番の時間配分も練習できるので、「解答時間が足りない」ということになれば、時間内に解き終える対策を考えることもできます。

志望校への距離を実感し、具体的な対策を打ち立てるためにも、早ければいまの時期から、受験する高校の最低５年ぶんくらいの過去問に取り組んでいきたいところです。解くときは必ず時間を計り、採点もしっかり行いましょう。もちろん、間違えた問題の復習も忘れずに行ってください。

ちなみに私は東大の過去問を、国語・数学・英語・歴史はすべて 25 年ぶん取り組みましたよ。部活動に励んでいる人はわかると思いますが「練習試合」なくして「本番」に勝てるはずがありません。過去問対策は「本番」と傾向も分量も難易度もほとんど同じ、格好の「練習試合」なのです。

帝京高等学校

新たな挑戦「インターナショナルコース英語特化課程」が始動します。

〒173-855
東京都板橋区稲荷台27-1
Tel.03-3963-4711

医療系に強い帝京

　これまで帝京というと、まず、野球・サッカーといったスポーツでの知名度ということで知られてきました。また、門戸をできるだけ広く取っている、だからいろんな生徒がいる、先生たちの面倒見もいい、大学の系属校として無試験で帝京大学グループに入学できる優遇措置がある、そういった学校として認知されてきました。

　とりわけ、帝京大学グループは医療系に強い大学です。昨年は薬学が6名、看護が6名、診療放射線や臨床検査、作業療法などへ12名が、無試験の優遇制度で進学をしています。他大学まで含めると、医学2名、薬学25名、看護10名、その他医療系へは36名が合格しており、医療系への進学実績には定評のある高校として定着しています。

特進クラス

　ただ、これまで積み上げてきたものに固執するということは、ともすれば停滞につながりやすいものです。生徒のニーズ、保護者のニーズを正しく汲みとり、それを教育に反映させていくために、まず、2年前に特進クラスを設置しました。

　このクラスは一般入試での難関大学現役合格を目指したクラスです。勉強を生徒任せにするのではなく、むしろ教員がしっかりとレールを敷き、学習を管理します。小テスト、週間、月間、休み明けテストにより復習を徹底させ、知識を定着させることもその一つです。長期期間中も授業を行い、夏休みであれば教員とともに１８４時間の勉強をします。年間を通して勉強をしない時期がないので、学習のペースが落ちることもありません。それが学習効果につながっています。

　実際に、現在の2年生は入学当初に比べて、模擬試験の偏差値が飛躍的に伸びています。英語はクラス平均で7ポイントのアップ、数学は9ポイントのアップ、中には英語の偏差値を10ポイント伸ばした生徒や、数学の偏差値が20ポイント伸びた生徒もいます。

「インターナショナルコース英語特化課程」

　そして、平成27年、帝京高校は新たな挑戦をします。インターナショナルコースに英語特化課程を設置し、「英語が得意、英語では負けたくない、将来は英語を生かしてみたい」という生徒を広く募集していきます。

　もともとインターナショナルコースは高校1年の夏から約1年間、たった一人で英語圏の現地高校に留学することを前提にしてきました。日本語が全く通用しない環境の中に置かれることで、英語によるコミュニケーション能力は飛躍的に伸びます。帰国後は英語力と国際的視野にさらに磨きをかけて、それらを武器に目標の進路にチャレンジするというコンセプトで作られたコースです。

　ただ、留学をするとなるとアメリカを例にとれば平均１５０万円がかかることになります。これは渡航費・ホームステ

イにかかる金額・現地での授業料等のおおまかな金額ですから、実際はそれよりもさらにかかってしまいます。経済的な事情がその支出を許さない、あるいは、大学生での留学は考えているが高校ではそこまで求めていないという生徒のために、留学まではいかないにせよ、レベルの高い英語学習環境を用意したいということで設立するのが、英語特化課程になります。

ネイティブスタッフの全面的な協力

帝京高校には英語を母国語とするネイティブの教員が4名います。ネイティブ教員が常時いるスタッフルームはイングリッシュラウンジと呼ばれ、英語力をキープしたいという帰国生徒を含め、英語を使いたい、英語で話したいという一般の生徒が気軽に訪れることで、有効な教育資源になってきました。英語特化課程ではそれらをフル活用します。

例えば、通常授業としての英会話は1年次に週2時間で行いますが、それ以外に週に2回、朝の時間帯に英会話を組み入れ、英語で話す習慣になじんでもらいます。そして違和感なくイングリッシュラウンジに通う習慣を作り、さらに英語で話す機会を増やしていきます。

説明会日程
9月27日（土）13:30～
10月18日（土）11:00～
10月25日（土）13:30～
11月 1日（土）13:30～
11月16日（日）11:00～
11月29日（土）13:30～

蜂桜祭（文化祭）
10月 4日(土)・5日(日)
9:00～15:00

ロングホームルームにはネイティブスタッフも参加して英語をベースにしてホームルームを行います。音楽の授業にもネイティブスタッフが加わり、英語をベースにして授業を行います。

また、イングリッシュラウンジでネイティブ教員と特定のテーマについて英語で話し合いながら、レポートを作成する試みは、3年間、各学年で行います。2年次はネイティブスタッフによるＴＯＥＦＬ・ＴＯＥＩＣ講座も必修単位とします。入学してすぐに行われる2泊3日のオリエンテーションと夏に3泊4日で行うイングリッシュサマーキャンプも英語漬けの環境になります。

こういった英語に特化したカリキュラムの中で、目標を英語検定準1級合格、ＴＯＥＩＣ８００点以上、ＴＯＥＦＬ‐iBT80点以上に置きます。3年次の1学期までにそのレベルに達し、それをＡＯ入試や推薦入試を含めた大学進学に生かしていきます。

上位大学への高い進学率

帝京高校のインターナショナルコースは毎年、上位大学への高い進学率で知られています。昨年は3年生14名のうち上智大学に入学したのが7名、ＧＭＡＲＣＨまで含めると約65%が上位大学に進学しています。一昨年は11名中、早稲田大1、明治大1、青山学院大1、法政大1などＧＭＡＲＣＨ以上への進学率は65%。その前の年は11名中、上智大4、立教大1、法政大2などＧＭＡＲＣＨ以上への進学率は65%と、年度を問わずコースの生徒のほとんどが納得のいく進路決定ができています。

これらは留学を通して身につけた英語力がベースになっているものですが、英会話だけでなく、英文法や英文読解の力をつける、あるいは異文化体験を通して身につけた思考力を適切な文章で表現する力を養うなど、コースが果たしてきた役割は大きいと自負しています。それを留学しない生徒たちにも拡大し、先輩たちに遜色のない結果を出すことに力を注いでいきます。

平成25年度卒業生　進路決定先

- 上智大学 文
- 上智大学 文
- 上智大学 文
- 上智大学 外国語
- 上智大学 総合グローバル
- 上智大学 総合グローバル
- 上智大学 総合人間科学
- 立教大学 経営
- 法政大学 キャリアデザイン
- 成城大学 社会イノベーション
- 獨協大学 外国語
- 芝浦工業大学 工
- 立命館アジア太平洋大学
- 専門学校

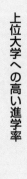

SCHOOL EXPRESS

筑波大学附属駒場高等学校

SENIOR HIGH SCHOOL AT KOMABA, UNIVERSITY OF TSUKUBA

東京都　世田谷区　男子校

何事にも全力で取り組む
自由・闊達な校風が魅力

全国でも屈指の大学合格実績を誇る筑波大学附属駒場高等学校。自由・闊達な校風が特徴の男子校です。学業・学校行事・クラブ活動に邁進する生徒の自主的・主体的姿勢が学校生活の基本となっています。教養主義と全人教育が実践され、生徒たちの優れた才能を大きく開花させる環境があります。

林《はやし》　久喜《ひさよし》 校長先生

各々の個性を活かし活躍できる場がある

筑波大学附属駒場中学校・高等学校（以下、筑駒）の前身は、１９４７年（昭和22年）に開校された東京農業教育専門学校附属中学校です。その後、東京教育大学の附属学校となり、１９７８年（昭和53年）に東京教育大学が筑波大学に移管されたことにより、筑波大学附属駒場中学校・高等学校という現在の校名に改称されました。

筑駒の教育方針は、「『学業』、『学校行事』、『クラブ活動』の3つの教育機能を充実させ、学校という場で生徒の全面的な人格形成を促し、発

達させていくところにある」としています。また、「自由・闊達《かったつ》の校風のもと、挑戦し、創造し、貢献する生き方をめざす」という学校目標が掲げられ、詳しくは次のように説明されています。「『挑戦』とは、既成の価値観にとらわれがちな自分自身に立ち向かって、新しい世界を切り拓こうとする精神面での姿勢をさしています。『創造』とは、筑駒の校風である『自由闊達』の具体的な表現で、柔軟にのびのびとすべてに意欲的に取り組もうとする行動面の姿勢をさしています。『貢献』とは、自らに『挑戦』し、『創造』した結果として実現したものを、社会に役立てることをさしています」

林久喜校長先生は「本校では、大学受験に向けた単なる知識の修得ではなく、学業、学校行事、クラブ活動の3つの教育機能を最大限に活かして教養を涵養《かんよう》し、全面的な人格形成を図っています。音楽祭、体育祭、文化祭などの各種学校行事や、生徒自治会、クラブ活動、校外学習、地域研究など多様な取り組みが生徒により自主的・主体的に運営されている点が特徴です。

やりたいことは各自異なりますが、それぞれが個性を活かし、思う存分挑戦することができます。相互に刺激しあいながら目的に向かっていく姿勢はすばらしいと感じます。こうしたなかで生徒が育まれていくところに筑駒のよさを感じています」と話されました。

すべての教科を学ぶ 教養主義が基本

筑駒では、附属中学校から進学する連絡生と、高校から入る高入生が高校1年次からいっしょにクラスを形成します。1学年は4クラスで、1クラスは連絡生約30名、高入生約10名の計40名で編成されます。附属中学校では先取り学習が行われていないため、高校スタート時から連絡生と高入生が切磋琢磨できる環境が整っています。また、クラス替えは毎年行われ、新たなクラスメイトとの出会いがよい刺激を生みます。

カリキュラムは、高1・高2では芸術科目と高2の一部の理系科目を除いて共通履修となり、幅広い教養を身につけることがめざされます。高3では自由選択科目が設けられ、各自の進路に応じて履修する科目を選択します。

「本校では、文系・理系に分けることはしません。『万遍なくすべての教科を学ぶことが重要である』という教養主義の理念に基づいてカリキュラムを構成しています。3年では個々の進路選択に応じられるように選択科目が多くなっていますが、教養主義の理念に変わりはありません。また、受験指導とは無縁のアカデミックな要素の強い授業が行われていることも、本校の特色と言えます。すべての教科で、真の学力を身につけるための質の高い授業が展開されています。」（林校長先生）

特色ある内容が光る 充実した総合学習

筑駒では、隔週土曜日を使い総合学習に取り組んでいます。高1は水田学習と地域研究、高2では地域研究とゼミナール、そして高3ではテーマ研究が行われます。

施設・環境

プール

コンピュータスペース

正門

図書室

最寄り駅の「駒場東大前」より徒歩7分、都心にありながら緑も多く落ち着いた環境のなかにキャンパスがあります。

台湾台中第一高級中学での生徒研究発表会

文化祭

体育祭　相撲

体育祭　バレーボール

学校行事

例年１万4000人以上の来場者を集める文化祭や複数の競技が同時に進行するオリンピック形式の体育祭など、筑駒生は行事にも全力投球。企画・運営も生徒主体で行われます。

音楽祭

ロードレース

高1の水田学習は、学校のすぐ近く、駒場野公園内にある「ケルネル田んぼ」と呼ばれる水田で実施されます。これは、前身である駒場農学校時代に外国人教師ケルネル氏が近代農学研究の指導を行ったという歴史から名づけられました。林校長先生は、「水田学習は１９４７年（昭和22年）から続けられています。品種の選定から作期の設定、田植えから管理・収穫・調製と、1年かけて土と語り、作物を観察し、1粒の種を何百倍にも増やして食べるところまで実施する、農作物としての稲の栽培実習です。さらには、植物としての稲の観察や、田植え・収穫といった作業体験だけでなく、生徒によって生産された米が感謝の気持ちとなり、糧となることを体感できるのです。こうした経験は豊かな感性の醸成にもつながります」と説明されました。

高1・高2での地域研究は、関西がテーマです。高1で事前学習に取り組み、高2の5月に実際に宿泊を伴う校外学習として関西を訪れ、フィールドワーク研究を行います。

高2のゼミナールは、「物語の構造を探る（国語）」「水俣から日本社会を考える（地理歴史）」「サイエンス・ダイアログ（英語）」「スポーツを科学する（保健体育）」など、いくつかの設定されたテーマのなかから、自分が研究したいものを選び、取り組みます。担当教員の指導を受けながら自分なりのテーマに絞っていき、高3で最終的にテーマ研究として発表します。ゼミナールの内容は年度によって変更もあり、昨年度は9講座が開講されました。

学校全体で取り組む筑駒のＳＳＨ

２００２年度（平成14年度）からＳＳＨ（スーパーサイエンスハイスクール）に認定されています。筑駒のＳＳＨは、全生徒がかかわれるように、理系に限らずすべての教科で展開されていることが特徴です。

「文系の科目でも、ＳＳＨの要素を組み込んでいます。例えば社会科系の『科学者の社会的責任を考える』という講座では、広島や水俣を実際に訪れてフィールドワーク研究も行っています。」（林校長先生）

高2のゼミナールや高3のテーマ研究の成果の一部は、全国や東京都のＳＳＨ指定校による発表会で発表されます。また、台湾台中第一高級中学との生徒研究発表会や、国際科学オリンピックなど、海外で研究成果を発表する機会もあり、活躍の場

総合学習

総合的な学習の時間には、「水田学習」や「関西地域研究」「ゼミナール」「テーマ研究」など、多彩な取り組みが用意されています。

水田学習　田植え

水田学習　稲刈り

高1校外学習　菅平高原

テーマ研究発表会

は広がっています。

筑波大学との連携を活かした教育も魅力です。筑波大学の教授による講演会や実験講座が開催されるほか、高2では全員が筑波大学の研究室を訪問し、第一線の研究者の指導を受ける機会が設けられています。

毎年、東大合格者数で全国屈指の実績を持つ筑駒。筑駒人材バンクとも呼ばれる卒業生の協力は、進路指導にも大いに活かされています。高2で実施される進路懇談会では、年齢の離れた社会人の先輩が毎年40名近く講師として参加し、職業選択や大学での研究などについての話を聞くことができます。高3の5月の進路懇談会では、さらに生徒と年齢の近い大学生や大学院生の先輩が協力してくれます。進路希望別に分科会形式で開催され、受験時の体験談やアドバイス、大学生活の様子などをもとに、相談にのってくれます。

最後に受験生へメッセージをいただきました。「高校は単に大学受験のための学校ではありません。筑駒は、学業、学校行事、クラブ活動の3つの教育機能を重視している学校です。勉強以外の活動にも本気で取り組み、先輩や友人たちと切磋琢磨しながら問題解決能力を磨き、将来の自分の姿を模索して学問分野を自分で決め、大学受験に向けて頑張りたいという人には合っていると思います。高校生活を全力で楽しめる豊かな感性を持った生徒さんに入学してほしいと思います。そして、本校で新たな発見と挑戦を経験し成長してください。」（林校長先生）

School Data

所在地	東京都世田谷区池尻4-7-1
アクセス	京王井の頭線「駒場東大前駅」徒歩7分
生徒数	男子のみ490名
TEL	03-3411-8521
URL	http://www.komaba-s.tsukuba.ac.jp/

3学期制　週5日制

月～金6時限、土（隔週）4時限　50分授業

1学年4クラス　1クラス約40名

2014年度(平成26年度)大学合格実績（　）内は既卒

大学名	合格者	大学名	合格者
国公立大学		私立大学	
北海道大	1(1)	早稲田大	72(29)
東北大	1(0)	慶應義塾大	59(27)
筑波大	3(1)	上智大	8(4)
東京大	104(22)	東京理大	14(10)
東京医科歯科大	7(4)	青山学院大	3(3)
東京工大	3(1)	中大	8(8)
電気通信大	1(1)	法政大	1(1)
一橋大	6(2)	明大	10(10)
横浜国立大	4(3)	立教大	2(2)
横浜市立大	3(1)	東京慈恵会医科大	9(6)
京都大	2(2)	順天堂大	4(2)
神戸大	1(1)	東京医科大	3(2)
金沢大	1(1)	その他私立大	13(13)
計	137(40)	計	206(117)

富《ふ》士《じ》見《み》丘《がおか》高等学校

海外大学進学も視野に 生徒の学習を的確支援

富士見丘の姉妹校留学制度は充実しています。イギリス、アメリカに各２校、そしてオーストラリアに１校、合計３カ国５校の姉妹校で３ヶ月・６ヶ月留学を実施しています。このような海外での学習体験を経た生徒の中から海外大学進学への志が育っています。

1年終了時までに英語基礎力を養成

英語コミュニケーション能力の育成プランから説明しましょう。1年終了時までに、ネイティブがゆっくり話す英語を理解でき、また自分の経験・夢・希望を簡単な英語で説明できる力を付けることが富士見丘の目標です。

目標実現のために取り入れているものが、TOEIC Bridgeです。目指すスコアは150（フルスコアは180）。この勉強は週に1回の授業が行われますが、学習の中心はeラーニングで進めます。eラーニングの長所は各人のスピードに合わせて勉強できるところにあります。特にレベルの高い生徒は、驚くほど速くコミュニケーション能力を上達させます。

またeラーニングの家庭学習が予習の役割を果たすので、授業の質も向上し、短期間の実力アップが実現します。

次に読解力の強化プランを見てみましょう。辞書を使わずに英語の本を読み進める〝Extensive Reading〟の授業が高校1年の英語授業として設置されていることも富士見丘の特徴です。

最初の授業で各自の英語読解力を測るテストを実施して、10段階のレベル判定を行います。それぞれのレベル毎に30冊の英書が用意されていて、その中から各自が読む本を選びます。読み終わったら、コンピュータで筋書きに関する英語クイズに取り組みます。クイズに合格した本の総ページ数によって成績がつくため、全員が必死に本を読み進めます。このようなプロセスを経ることで、日本語を介さずに英文をそのまま理解する習慣が自然に身に付きます。こうして英語を読むスピードが速まり、読解力も高まります。このスキルも1年終了以前に獲得するのが目標で、英語長文に対する苦手意識克服に大きな力を発揮しています。

さてこのような英語基礎能力向上策の基盤の上に成り立っているのが、アメリカ西海岸修学旅行と3ヶ月・6ヶ月姉妹校留学です。

5姉妹校で実施する 3ヶ月・6ヶ月留学

アメリカ西海岸修学旅行のメインイベントは姉妹校生徒との交流です。姉妹校生徒が手作りランチで本校生徒一人ひとりを暖かく迎え、友情を育みます。

一方3ヶ月・6ヶ月姉妹校留学は

希望制です。応募資格は、TOEIC Bridgeのスコアが150を超えていること。応募締め切り日までに資格を得ていなければ出願できません。

　ところで姉妹校留学のメリットは何でしょう。第1に、留学生に対する各姉妹校の受け入れ体制があらかじめ分かっているので、留学生の目的や実力に合った学校を選ぶことができます。例えば、宿題も課題発表のプレゼンテーションも現地校生徒と全く同一に課してくる学校もあれば、日本人留学生には宿題を軽減する学校もあります。現地校生徒と全く分け隔てなく扱う学校への留学は、英語力を飛躍的に伸ばしますが、過酷な勉強に耐えうるだけの学力と精神力が要求されます。

　第2に留学生を受け入れる姉妹校も今までの経験上、本校留学生の英語レベルを心得ているため、指導が的確で効果を上げやすいという長所も見逃せません。

　第3に毎年継続して行われているので、既に本校生徒と友人になっている姉妹校生徒もおり、こうした生徒の存在は、海外留学にチャレンジする本校生にとっては心強い味方となります。

　こうした留学環境の中で、本校生は姉妹校での授業に打ち込むことができます。ディスカッションやプレゼンテーションなど、日本の平均的スタイルとは異なる授業も豊富にあり、姉妹校留学がきっかけとなり海外大学進学を志す生徒や日本国内の大学進学後に、海外大学留学を目指す生徒が増えています。また姉妹校留学を通じて海外の友人をつくり、国を超えたネットワークを形成することも一生の財産となります。若者の内向き志向が問題化している今日、このような生徒の育成は大きな意義があると確信しています。

海外大学への接続とその進学準備

　指定校推薦制度を利用して進学できる海外大学はイギリスのロンドン大学キングスカレッジとオーストラリアのクイーンズランド大学。前者は2012／2013年度版QS世界大学ランキングで26位、後者は同ランキングで46位の名門大学です（東大は同ランキングで30位。これが日本のトップランクです）。

　これらの大学に指定校推薦で進学するために要求されるのが、学校長推薦のほか、IELTS、またはTOEFL（両者とも英語を母国語としない留学生のための英語能力試験）のスコアです。

　このスコアアップを目指す生徒のための授業が、高校の全学年に設置されている選択授業〝Academic English〟。この授業は、生徒のレベルによりBasic、1st、2ndの3クラスに分かれています。BasicではAcademic Vocabularyを増やすことに重点が置かれ、1stではAcademic Writingの力を伸ばしてレポート作成の力を付けます。そして総仕上げとなる2ndではIELTSやTOEFLの実践トレーニングで高スコアを狙います。

　また海外大学進学が決定した生徒に対しては、高校卒業後海外大学入学までの4～6月までの3ヶ月間〝Academic English〟の授業を継続受講できることも富士見丘の大きな特色です。

富士見丘高等学校

〒151-0073
東京都渋谷区笹塚3-19-9
TEL（03）3376-1481
http://www.fujimigaoka.ac.jp/

高等学校説明会

9/20㊏　特別講座体験・部活動体験
10:00～10:50　説明会
11:00～13:00　特別講座体験・部活動体験※

10/5㊐　文化祭
10:00～15:00　文化祭
10:30～11:30　説明会

11/23㊐・㊗　個人相談会
13:00～14:00　説明会
14:00～15:00　個人相談会※

11/29㊏　入試問題傾向と対策
13:00～14:00　説明会
14:00～15:00　入試問題傾向と対策
15:00～　個人相談会※

12/6㊏　入試問題傾向と対策
10:00～11:00　説明会
11:00～12:00　入試問題傾向と対策
12:00～　個人相談会 ※

12/21㊐　初めての富士見丘
13:00～14:00　説明会
14:00～15:00　個人相談・在校生との懇談会

12/25㊍・26㊎　冬休み学校説明会
9:00～16:00　随時
補講・部活動など見学可能です。10:00と13:00に校内見学ツアーを行います。

※印のものは原則事前のご予約をお願いします。
なお、11/29（土）と12/6（土）の内容は同一です。

工学院《こうがくいん》大学《だいがく》附属《ふぞく》高等学校

School Data

所在地
東京都八王子市中野町2647-2

生徒数
男子610名、女子281名

TEL
042-628-4911

アクセス
JR線「八王子駅」、京王線「北野駅」、JR線・西武線「拝島駅」よりスクールバス

URL
http://www.js.kogakuin.ac.jp/

21世紀社会で活躍できる力を育成

工学院大学附属高等学校（以下、工学院大附属）の校訓「考える　行う」には、自分で考える力と、考えたことを実行する行動力を持った人に育ってほしいという願いが込められています。工学院大附属では、これらの力を「科学的思考力」と呼び、21世紀に対応できる力として重要視しています。

　また、近年新たに3つの言葉をスローガンとして掲げました。それぞれの言葉には「挑戦」（困難に立ち向かい、将来を切り拓く力を学ぶ）、「創造」（創造的な生き方、考え方ができる生徒を育てる）、「貢献」（社会の一員として、世に貢献する精神を養う）という意味があります。

生徒に寄り添う指導で多様な進路に対応

　高校から入学した生徒向けのコースは「文理普通コース」と「文理特進コース」の2つです。どちらのコースも部活動に積極的に取り組みながら、希望進路を実現することができます。また、放課後に実施されている、大手予備校講師による「K1ゼミ」や、補習中心の「F1ゼミ」、「チューター自習室」など、独自のバックアップ体制も充実しています。

　幅広い進路選択が可能な点も魅力です。工学院大への進学権を確保して安心して他大学を受験することが可能です。よって、最難関大学をはじめ半数を超える生徒が他大学に進学しています。

　このような多様な進学状況が、生徒1人ひとりに寄り添った進路指導が行われている証と言えます。

短期留学制度スタート 充実の海外研修

　昨年度（平成25年度）からは、高1・高2の希望者を対象とした海外短期留学制度がスタートしました。留学先はオーストラリアのアデレードで、現地の家庭にホームステイし、現地校で現地生に混ざって通常の授業を受ける、本格的な留学です。

　第1回目の短期留学は3カ月間の実施でしたが、6カ月や1年間の留学も実施に向けて検討が進んでいます（なお、3カ月留学の場合、東京都から個人に50万円の補助金が支給されます）。

　ほかにもこの夏（平成26年）から、2週間のアメリカ・シアトルでのサマーキャンプ、2週間と3週間の2種類が用意されているフィリピン・セブ島での語学研修も始まります。

　グローバル化した21世紀社会で活躍する人材の育成をめざす工学院大学附属高等学校では、個性を尊重した進路が実現でき、国際社会で活躍できる力も養うことが可能です。

淑《しゅく》徳《とく》巣《す》鴨《がも》高等学校

School Data

所在地
東京都豊島区西巣鴨2-22-16

生徒数
男子539名、女子642名

TEL
03-3918-6451

アクセス
都営三田線「西巣鴨駅」徒歩３分、都電荒川線「庚申塚駅」徒歩４分、JR埼京線「板橋駅」徒歩10分、東武東上線「北池袋駅」徒歩15分

URL
http://www.shukusu.ed.jp/

生徒を成長させる「Frontier Program」

淑徳巣鴨高等学校（以下、淑徳巣鴨）は、校訓に「感恩奉仕」を掲げ、感謝の気持ちを大切に「Change & Challenge」をテーマとして、変化に柔軟な対応ができる人材を育成しています。

2つのコース制と魅力のプログラム

淑徳巣鴨には、「選抜コース」と「特進コース」の2つがあります。

選抜コースは、国公立大・最難関私立大合格を目標とします。選抜コースのなかには、東京大をはじめとする難関国立大をめざすクラスも用意されています。

特進コースは、難関私立大や有名私立大への進学をめざすコースで、理解度に合わせた丁寧な指導が行われています。

この2つのコースをもとに、学校独自の「Frontier Program」が実施されています。その内容の一部をご紹介します。

生徒が日々の学習に計画的に取り組む姿勢を身につけるために、レコードカードが活用されています。このカードに学習計画や学習内容を記録することで、生徒は自分で学習状況を把握しながら、日々の勉強を進めていくことができます。

また、1時限目が始まる前の10分間を0時限目の時間として、曜日ごとに国語・数学・英語の小テストを実施しています。合格点に達しなかった生徒には放課後に再テストを行います。このような日々の積み重ねにより確かな学力が養われていくのです。

オリジナルテキストを使って行われる補講や長期休暇中の講座も魅力です。苦手克服はもちろん、学びをより深めることができる体制を整え、生徒の学ぶ意欲に応えています。

ほかにも、これからの社会に必要な国際教養を身につけるため、英語教育に力を入れています。英単語・英文法の朝テストに加え、週末には長文の課題が出され、英検やGTEC for Studentsに挑戦しながら「使える英語」の習得をめざします。2年次の修学旅行ではオーストラリアでファームステイを行い、希望者には、アメリカでのサマーキャンプや1年次から挑戦できる3カ月、1年間の海外留学プログラムも用意されています。

このように「Frontier Program」として、さまざまな魅力ある教育を行うことで、生徒を成長させ、希望する進路の実現をサポートしています。

そして、今年度（平成26年度）よりすべての教室に電子黒板機能つきのプロジェクターを設置しました。ディベートやプレゼンテーション能力を養うグローバルランゲージラボも完成予定です。学習環境が充実し、さらに期待が高まる淑徳巣鴨高等学校です。

MIKASA
私たちの夢は世界へと広がっていく。

文理普通コース

生徒の個性を大切にし、文系・理系を問わずさまざまな進路が選択可能です。

目標大学

工学院大学、国公立大学、私立大学

文理特進コース

国公立大学や難関私立大学を目指します。

目標大学

国公立大学、難関私立大学、医歯薬獣医系大学

工学院チャレンジ　大学受験指導強化

KIゼミ	放課後に大手予備校よりプロ講師を学校に招いて、進学強化講座を開講。
FIゼミ	指名制を主として、教員による授業の補習と基礎学力強化の学習指導を実施。
チューター自習室	放課後にはほぼ毎日、大学生チューターに気軽に相談できる自習室を開設。

学校説明会 会場:本校（予約不要）

第1回	9月20日（土）	10:00～
第2回	10月18日（土）	14:00～
第3回	11月15日（土）	14:00～
第4回	11月29日（土）	14:00～
第5回	12月 6日（土）	14:00～

主な内容：学校・入試概要、校舎見学、個別相談
※第1回は、授業見学、女子制服試着があります。

体験学習（予約制）

9月20日（土） 13:00～

内容：パソコン、理科実験、天文、図書
部活動体験：吹奏楽、男女バスケットボール、男子バレーボール、男子サッカー

文理特進コース入試模擬体験（予約制）

11月22日（土） 14:00～

※文理特進コースミニ説明会（予約不要） 14:10～

京王線北野、JR八王子南口
JR・西武線拝島より

スクールバス運行中。片道約20分
電車の遅れにも対応します。

工学院大附属高等学校
HIGH SCHOOL OF KOGAKUIN UNIVERSITY

〒192-8622 東京都八王子市中野町2647-2

TEL 042-628-4914
FAX 042-623-1376

http://www.js.kogakuin.ac.jp/junior/

大《おお》輪《わ》 茂利《しげとし》 校長先生

千葉県立

薬《やく》園《えん》台《だい》高等学校

共学校

FOCUS ON 公立高校

自主的・自律的精神を涵養し グローバル・リーダーとなる人材を育成

千葉県立薬園台高等学校は普通科と園芸科を併設している学校です。学校行事や部活動などは2つの科の合同、協働で行われ、夢と希望と活力に満ちた学校生活を送ることができます。また、受け継がれてきた伝統と歴史に加え、学校独自の新たな取り組みを積極的に導入することで、生徒1人ひとりに丁寧な教育を行っています。

薬園台高校のシンボルは「りんどう」

1963年（昭和38年）に開校した千葉県立薬園台高等学校（以下、薬園台高）には、千葉県立船橋高等学校習志野校舎の園芸科の生徒が編入され、普通科と園芸科を併設する高校として誕生したという歴史があります。

江戸時代中期、小石川養生所の薬草園が作られたことに由来して、この地は薬園台と呼ばれるようになりました。そして、薬草でもある「りんどう」を栽培するのに最も適した土地であったことから、りんどうが薬園台高のシンボルとして、校章や、学校行事の名称（「りんどう祭」）に使用されています。

薬園台高では、教育目標に「人格の完成」、「自主的・自律的精神の涵《かん》養《よう》」、「健全な心身の育成」を掲げています。そして、「自主的・自律的精神を涵養し、将来リーダーとして活躍できる人材の育成」をめざしています。

「本校には、自由闊《かっ》達《たつ》な校風のもとで、規律と責任を重んじながら、部活動や行事にも積極的に取り組み、いきいきと学校生活を送っている生徒たちが多いです。

そんな生徒たちには、世の中や人々の動きに敏感になること、そして、新たなことにチャレンジする精神を持つことが必要だと話しています。しかし、時代や世の中が変わっても、変えてはいけない大切なものもあり、そうした大切なものをしっかり見極められる力を身につけてほしいと思っています。」（大輪茂利校長先生）

「普通科と園芸科」互いに磨きあう人間力

普通科と園芸科の2つの科がある薬園台高。

普通科では、ほとんどの生徒が国公立大学や難関私立大学への進学をめざしています。

学校が熱く盛りあがる「りんどう祭」は「文化の部」（文化祭）と「体育の部」（体育祭）に分かれています。文化の部に向けては、１学期最終日に各クラスが出しもののタイトルを窓に貼り出します。

カリキュラムは、１・２年次は芸術科目を除いて共通履修となっています。３年次になっても、文系・理系でクラス分けをすることはなく、HRクラスを基本として、希望進路に沿って選択科目を履修する形をとっています。選択科目には、古典、数学、歴史、物理、生物などの学習科目のほか、フードデザインや農業と環境など、園芸科を併設する薬園台高ならではの科目も用意されています。

園芸科のカリキュラムは、教科学習をベースとした普通科目と、農業に関する専門科目で構成されています。１年次は普通科目が多めに設定されていますが、学年があがるにつれて専門科目が１年次・６単位、２年次・13単位、３年次・15単位と徐々に増えていきます。

１年次の専門科目である「総合実習」は施設野菜・路地野菜・草花・果樹・造園の５種類を１週間ずつ交代しながら学習します。２・３年次になると、野菜・果樹・草花・造園計画のなかから選んだ１つを専門的に学びます。さらに３年次には、フラワーデザインや植物バイオテクノロジーといった現代的な科目や、国語表現や英語探究などの大学受験用の科目も選択できるようになります。

普通科と園芸科、それぞれの科について大輪校長先生は、「本校では普通科・園芸科、どちらの生徒にも幅広い進路選択をしてほしいとの思いから、大学受験をめざす園芸科の生徒が英語や国語などの普通科目を、農業に興味を持った普通科の生徒が園芸科の授業を、というように、お互いの科の授業を履修できる点が特徴です。

また、学校行事や部活動では普通科の生徒も園芸科の生徒もいっしょに活動しますので、学校生活ではつねに交流があります。園芸科には意欲的な生徒が多く、ここ2年は園芸科の生徒が生徒会長に選ばれています」と話されます。

このように、普通科と園芸科の生徒が一体となって学校生活を築いているところも薬園台高の大きな魅力でしょう。

伝統行事と新たな取り組みとの融合

薬園台高の生徒の多くは、正門とは別に設けられている農場門から登校しています。この農場門から玄関へと続く道には、園芸科の生徒が実習などで利用している農場が広がっています。

4月に行われる新入生歓迎会も「体育の部」と「文化の部」があります。「体育の部」では、1年から3年までクラス単位で団体競技をし、「文化の部」では全学年が混ざって輪になりゲームなどを行います。

そのため、普通科の生徒も毎日登校しながら、季節ごとに植物の生長を目にすることができます。そして、小さな命が育まれていることを間近で感じながら毎日を過ごしているのです。

そのほかの薬園台高ならではの特徴的な風景といえば、国語・数学・英語の各教科準備室前の廊下に置かれた長机とイスの数々です。これらは各教科の先生が、朝・昼・放課後に生徒へ個別の指導を行うために設置されているもので、こうした風景から、薬園台高では丁寧な個別指導がいたるところで行われていることがわかります。

また、学校と博物館や大学が連携して行う事業、SPP（サイエンス・パートナーシップ・プログラム）も実施されています。薬園台高の2014年度（平成26年度）のテーマは「ササリンドウの生態と分子生物学的手法による系統分析」で、土日には理科に興味のある生徒たちが集まり、大学や博物館と連携しながらササリンドウのDNA解析や分布図などを調べています。

進路・進学指導では、従来から段階をふんできめ細かな指導がなされていましたが、近年ではそうした指導に加えて、大学の紹介や模擬授業が体験できる外部の大学進学ガイダンス「夢ナビライブ」に2年生の全員が参加しています。

この新たな取り組みについて大輪校長先生は、「本校に大学の先生を招いて模擬授業などを行っていた時期もありましたが、どうしても呼べる大学や分野が限られてしまいました。そこで、より多くの生徒の意識を高めるために、こうした外部のイベントに参加することにして、1人ひとりが興味のある情報を直接得られる機会を設けることにしました」と話されます。

このように、千葉県立薬園台高等学校は、独自の取り組みを積極的に取り入れながら、生徒の多様なニーズに応えています。

最後に大輪校長先生に、読者へのメッセージを伺いました。

「志望校を選ぶ際に大切なことは、高校3年間という貴重な時間を『どんな人々に囲まれて過ごすか』だと思います。意欲があって、正しい判断ができ、それを実行できるような仲間とともに過ごせば、自分を高めることができますし、目先の受験だけを考えるのではなく、将来を見据えた質の高い授業を行う教員に出会えば、確かな学力も身につくと思います。

園芸科

園芸科では総合実習などの授業のほかに、野菜作りを通して近隣の小学生と交流したり、全国の農業高校生が在籍する農業クラブでの活動も行っています。

草花

総合実習

施設野菜

農業クラブでの活動

小学生と野菜作り

修学旅行

修学旅行は京都、奈良を中心に関西に行くことが多いです。

本校は、自分を高めてくれる仲間と教員が集まっている学校です。文化祭など学校の様子を知る機会もありますから、ぜひ直接来校して、そのエネルギーを感じてもらいたいですね。」

School Data

所在地	千葉県船橋市薬円台5-34-1
アクセス	新京成線「習志野駅」徒歩5分
TEL	047-464-0011
生徒数	男子434名、女子537名
URL	http://www.chiba-c.ed.jp/yakuendai-h/

✣3学期制　✣週5日制　✣50分授業
✣普通科…月・木・金6限、火・水7限
✣園芸科…6限
✣普通科…7クラス　✣園芸科…1クラス
✣1クラス40名

2014年度（平成26年度）大学合格実績（）内は既卒

大学名	合格者	大学名	合格者
国公立大学		私立大学	
東北大	1(1)	早稲田大	54(23)
弘前大	3(1)	慶應義塾大	6(4)
信州大	2(1)	上智大	17(9)
筑波大	3(1)	東京理科大	48(12)
千葉大	26(7)	青山学院大	36(7)
東京大	1(0)	中央大	28(6)
東京工大	1(1)	法政大	88(19)
東京農工大	2(1)	明治大	79(24)
お茶の水女子大	1(0)	立教大	68(19)
横浜国立大	1(0)	学習院大	24(12)
京都大	1(1)	芝浦工大	19(5)
その他国公立大	11(6)	その他私立大	410(91)
計	53(20)	計	877(231)

2015年春 三《み》田《た》国《こく》際《さい》学《がく》園《えん》高等学校 誕生

戸《と》板《いた》女《じょ》子《し》が変わります

MITA International School

112年の伝統を持つ戸板女子高等学校が、2015年度（平成27年度）入試より共学化、そして「三田国際学園」へと校名を変更します。それだけにとどまらず、新コース制、相互通行型授業に代表されるいくつもの教育改革も断行し、いま、大きく生まれ変わろうとしています。

創立から１１２年という長い歴史を持つ戸板女子高等学校が、２０１５年（平成27年）４月、大きく生まれ変わります。

２０１３年度（平成25年度）から教育カリキュラムの改革に取り組んできましたが、変化はそれだけにとどまりません。２０１５年度（平成27年度）から共学化し、校名を「三田国際学園高等学校」へと変更するのです。

大橋清貫学園長は、共学化の理由についてこう話されます。

「女子だけの学びというものがあるのは確かで、これまで長年にわたって本校が行ってきた『女子教育』はもちろん大事です。その一方で男子生徒がいるなかでの『共学の学び』というものもまたあります。

変化の激しいこれからの時代に向けて、子どもたちの未来を考え、共学化を選択することになりました。男女共同参画社会、21世紀のグローバル化が進む社会のなかで活躍できる人材へと成長してもらうためにも、共学化がその可能性をより広げてくれると考えています。」

「国際」の名を冠する学校にふさわしいカリキュラム

また、校名の変更も印象的です。

「戸板女子の前進である三田高等女学校は三田四国町にありました。その源流に立ち返って『三田』という名称を。そして、21世紀のグローバル社会で活躍できる子どもたちを育てるという想いから『国際』という

名称をつけ、『三田国際学園』となりました。」（大橋学園長）

新コースの設定で ますます充実する教育環境

校名変更、共学化とともに、戸板女子の新しい教育を実行するため、今年度より「スーパーイングリッシュコース」、「スーパーサイエンスコース」を新設し、「本科コース」と合わせた3コース制がスタートしています。

「スーパーイングリッシュコース」は、英語を実技教科ととらえ、高1で週10時間の英語の授業とともに、4技能（読む・書く・聴く・話す）をバランスよく身につけます。

先頭に立って改革に取り組む大橋学園長

また、このコースでは高2の夏休みに、アメリカの有名大学で学生寮に宿泊し、授業やワークショップを行う海外短期留学を行います。また、1年間の長期留学を選択することもできます。そして高2では、全員が英検2級を、高3では、英検準1級、TOEFL550点を目標とします。

こうした多彩なプログラムを通して、多くの授業を英語で行う大学・学部、海外の大学などへの進学をめざします。

「スーパーサイエンスコース」は、サイエンスラボでの実験を重視した授業を展開し、研究者たる姿勢で学びます。そのために、大学の研究室並みの機器をそろえています。

高1で生物・化学・物理の基礎知識と実験技術を身につけ、高2から専門分野を追究し科学的思考力を高めます。自らの研究テーマを見つけ、高校3年間で大学の研究室にいるかのように集中して自分の研究を行うのです。

「理科が好きで理系を志望する生徒たちが、理科について遠慮なく話せるコースです。『ネイチャー』や『パブメド』などの海外の論文に触れることで、英語力の向上にもつながります。サイエンスラボで3年間入り浸ってほしいです。」（大橋学園長）

こうして科学的リテラシーと自ら学び続ける自発的な学びの姿勢を身につけ、将来の夢が見つかり、最先端理系学部、医歯薬学部、獣医学部などへ合格する力を引き出していきます。

世界標準の学びが三田国際学園の教育にある

「本科コース」では文理を問わず、幅広い教養の習得をめざし、相互通行型学習を通して、自ら学ぶ姿勢を身につけていきます。

高1で共通カリキュラムによる大学受験に向けた基礎固めを行い、高2から文系・理系の選択授業が始まります。こうすることで希望する大学・学部への受験に向けた効率的・効果的な学びを行うことができます。

受験学年の高3になると、実践力をつけるためのハイレベルな授業や演習を積み重ね、難関大学への合格力を養成します。

学習面での特徴は昨年度から行われている「相互通行型授業」です。先生がひたすら板書して生徒がノートに写すというこれまでの一方通行型の授業ではなく、先生が生徒に問いかけ、考えさせることが重視されています。この「相互通行型授業」は、3コースすべてで行われていますが、とくに本科コースにおいては、より重視して実施されています。

校名変更、共学化だけではなく新たなコース制、学習カリキュラムのもと、力強く新たな歩みを進めている三田国際学園高等学校。まさに「目が離せない」学校へと変貌を遂げています。

SCHOOL DATA

三田国際学園高等学校

戸板女子高等学校は
2015年4月共学化、校名変更

Address　東京都世田谷区用賀2-16-1
TEL　03-3707-5676
Access　東急田園都市線「用賀駅」徒歩5分

学校説明会
要予約　14:30〜16:00
9/20、10/25、11/29

個別相談会
10:00〜11:00
12/6

学園祭
11/1、11/2　10:00〜15:00

和田式 教育的指導

結果に一喜一憂 するだけではもったいない！ 伸びる模試活用法を伝授！

模擬試験を受けたあと、みなさんはどうしていますか。成績表を広げても自分の偏差値や合格可能性しか見ていないのではありませんか。模試を「単なる力試しのできるテスト」だと思ってはいけません。そこには、これから学力を伸ばせる重要なヒントが含まれています。

模試を活用して ケアレスミス対策

今回は、模擬試験の活用法をお話しします。模試を受けたら、結果だけを見てそのままにしている人も多いのではないでしょうか。本番さながらに集中して取り組んだ模試は、受験勉強に活かすことができます。

まずは、ケアレスミス対策です。受験本番でミスをしたら大変ですね。でもミスをしてしまいそうな気がしてならない。そんな不安を持っている人は、模試を利用してケアレスミス対策を行いましょう。

模試を見直して、自分がミスをしたところをチェックしてみてください。そして、2度と同じようなミスをしないよう、気をつけるように心がけましょう。

このように模試の見直しを続けていくと、自分がどんなミスをしがちなのかがわかってきます。「答案用紙に解答を書くときに写し間違えやすい」「数学では計算ミスをよくする」「英語のスペルミスが多い」など、それぞれの傾向が見えてくるでしょう。

ミスの傾向がわかってきたら、具体的に対策方法を考えましょう。例えば、「数学の計算ミスを減らすために、計算練習をもっとやる」「答案用紙に答えを写すときは必ず2回確かめる」「英単語は慌てているとスペルミスをしやすいので落ち着いて書くようにする」という風に、色々と考えられると思います。

入試では1点の差で合否が分かれ

る場合もあります。ミスが原因で不合格となるのは悔しいものです。ぜひケアレスミス対策に模試を活用してください。

模試を見直して課題を発見する

模試の見直しを行うと、ミス以外にもさまざまなことがわかると思います。「勉強している割に得点に結びついていない部分があるな」とか、「ここは勉強が足りないだけで、しっかりやれば点が取れる分野だな」というようなことです。

2学期以降の受験勉強では、これまで以上に効率を意識して取り組むことが重要です。つまり、これからの時期は、がむしゃらにすべての範囲をやるよりも、伸びるところ、伸びにくいところをしっかりと見極めて勉強することも必要なのです。

時間をかけて勉強してもなかなか得点に結びつかないという苦手分野は、今後同じように勉強を続けても伸びるのは厳しいでしょう。それならば、いまは勉強が足りないだけで、やったぶんだけ伸びるであろう分野の勉強に時間を使った方が、点数が取れる可能性が高いわけです。

今後、より伸ばせる部分はどこなのか、そこを伸ばすために具体的にどういった勉強をしていくのか。このように、模試の見直しを通じて、これからの課題を見つけてください。

模試を受けるたびに課題を見つけて克服していければ、徐々に成績はあがっていくでしょう。模試を活用して賢く勉強をしていき、志望校合格をめざしてください。

Hideki Wada

和田秀樹

1960年大阪府生まれ。東京大学医学部卒、東京大学医学部附属病院精神神経科助手、アメリカのカールメニンガー精神医学校国際フェローを経て、現在は川崎幸病院精神科顧問、国際医療福祉大学大学院教授、緑鐵受験指導ゼミナール代表を務める。心理学を児童教育、受験教育に活用し、独自の理論と実践で知られる。著書には『和田式　勉強のやる気をつくる本』(学研教育出版)『中学生の正しい勉強法』(瀬谷出版)『難関校に合格する人の共通点』(共著、東京書籍)など多数。初監督作品の映画「受験のシンデレラ」がモナコ国際映画祭グランプリ受賞。

和田先生のお悩み解決アドバイス!!

Question 人と成績を比べて落ち込んでしまう

Answer 受験勉強の本質を再度確認しておこう

受験は合否結果が出ることから、多くの人が「競争」というイメージを抱くと思います。そのため、ほかの受験生の成績が気になり、自分の方が模試やテストの点数が悪かったりすると、落ち込んだり自信をなくしたりしてしまうのでしょう。しかし、受験で一番大事なことは、ライバルに勝つことではありません。「志望校に受かること」です。つまり、本番の試験で合格最低点をクリアできるかどうかなのです。ライバルが落ちれば自分が受かるというものではないし、合格最低点に達しなければ、ライバルも自分も落ちるかもしれません。「あるライン（合格最低点）をクリアすることが受験なのだ」としっかりと胸に刻んでおくようにしましょう。

受験勉強は、本番までにどれだけ学力をつけられるかが重要です。ライバルと争うよりも、わからない問題を教えあったり、受験情報を共有したり、助けあって勉強に取り組む方が、気持ちも前向きになり学力も伸びることでしょう。

かえつ有明高等学校 高校募集スタート!

SCHOOL DATA

所在地　東京都江東区東雲2-16-1
TEL　03-5564-2161
アクセス　りんかい線「東雲駅」徒歩8分
URL　http://www.ariake.kaetsu.ac.jp/

「真のグローバル人材」をかえつから!

完全中高一貫校のかえつ有明高等学校（以下、かえつ有明）が、２０１５年度（平成27年度）から高校募集を開始します。なぜこの時期に高校募集なのか。そこにはかえつ有明だからこそできる「真のグローバル人材」育成へのこだわりがありました。

大学入試を越える かえつのグローバル人材育成

石川一郎副校長先生は、「本校では現在全生徒の12～13％が帰国生と、非常にグローバルな環境にあります。この環境のもと、これからの社会で必要とされる『真のグローバル人材』を、高校からの入学を希望する生徒にも提供したいという思いから高校募集をスタートすることになりました」と話されます。

真のグローバル人材を育てるためにかえつ有明が行うのは、獲得した知識をいかに活用するかのすべを学ぶことができる教育です。それをかえつ有明では「21世紀型教育」と呼んでいます。

「近年は『考える力』が必要だと言われていますが、まずは『考える』ための方法、作法も教えずに『とにかく考えろ』といってもなかなかできるものではありません。本校ではその方法、作法を『クリティカルシンキング（論理的思考）』、『表現力』、『リベラルアーツ』の3つの角度から身につけられるようにします。」（石川副校長先生）

具体的には、独自教科『プロジェクト』において、学びあいを通じて、自分の考えや答えを論理的に組み立てるトレーニングをし、「答えのない問題」への対応方法を学びます。

また、異文化に対しても、言語のみならず思考の相違を受け入れ、双方向の意思疎通が可能となるよう、『ランゲージアーツ』で、英語の論理構造を学びます。

さらに、世界の人と「協働」するために、教科を知識の詰め込みではなく『リベラルアーツ』（教養）という観点で学びます。

ケンブリッジでの「学びの入り口」

こうしたかえつ有明ならではの学びの特徴をよく表しているのが高校入学後すぐの5月に予定されている全員参加のイギリス・ケンブリッジでの研修です。ホームステイをしながら、ケンブリッジ大学の研究者や高校生を招いて「学びの入り口」をしっかり固めることができます。

「ケンブリッジでは〝学びたい〟から〝学ばなければいけない〟という能動的な姿勢に変化し、『真のグローバル人材』に求められる能力を磨いていく過程において、3年後、国公立大、早慶上理や海外の大学を選ぶ生徒が育っていくでしょう」と自信を見せる石川副校長先生。

「入学金＋3年間の授業料免除」「入学金免除」というこれまでの特待生制度に加え、「入学金＋1年間の授業料免除（延長あり）」というグレードが新設されたのも特筆すべきトピックスです。

興味を持たれた方は、ぜひ学校説明会に参加し、新しいかえつ有明の教育プログラムに触れてみてください。

学校説明会（予約不要）

10月25日（土）14：30～16：00
11月23日（日祝）14：30～16：00
12月6日（土）14：30～16：00

ケンブリッジ研修旅行で行われる授業の様子

【九拾四の巻】今年出たおもしろい問題2-2

教育評論家　正尾 佐の

高校受験指南書

国語

今号は前号からの続きだ。おもしろい古文問題の途中だったたね。十文字高校の問題だ。

翁、わが家に帰りて、都にて円物の中に④求め得たる美しきア女房、色々の財宝、母・女房にも見せまほしけれど、「いやいや、⑤折もこそあらめ」と思ひ、唐櫃《からびつ》の底に深く納め置きけり。

イ女房、ほの見咎《とが》め、あやしければ、翁が留守を待ちて、取り出《いだ》し見れば、はなはだ光りて円き物なり。のぞきて見れば、女あり。「さてこそウ女房を迎へ来たりて、隠し置きけるなり。」と思ひて、腹立ちや、口惜しや」と思ひて、母を招き、「これ見給へ。都より女を連れ来たれるなり。恨めしくこそ」とて泣きけり。

翁、山より帰りけり。女房は青ざめ、気色変りて、⑥わなわなと震ひ震ひ、片膝を立てて翁にいひけるは、「都より迎へ来たり給ひしエ女房こそ。⑦飯さへ整へて参らせむと思ひ、そのB設《まう》けもなく、不都合なる仕方にこそある□。年齢《とし》にも恥ぢ給へかしや。恨めしや恨めしや」とて、乳《ち》・胸を叩《たた》いて泣き叫びけり。

翁、ともかくもいはばいよいよやかましく、⑧近きあたりの人々立ち聞かむも恥づかしければ、うつくしみゐてつくづくと思ふに、「この円物あらむ限りは、家安からじ。とかくこの円物こそ、わが仇《かたき》なれ。退治せむ」と思ひ、(注2)重代《ちゅうだい》の太刀取り出し、散々に切り砕きけり。この太刀風に恐れて、母・女房はいづくともなく逃げ失《う》せにけり。

(注2)重代《ちゅうだい》…代々家に伝わる

これが続きの部分だ。前号も見ながら思い出してくれ。

翁、わが家に帰りて、都にて円物の中に④求め得たる美しきア女房、色々の財宝、母・女房にも見せまほしけれど、「いやいや、⑤折もこそあらめ」と思ひ、唐櫃《からびつ》の底に深く納め置きけり。

※現代語訳

老人(は)、自宅に帰って、都で丸いもののなかに求め手に入れた美しい女性(や)、さまざまの財宝(を)、母・妻にも見せたいが、「いやいや、⑤折もこそあらめ」と思い、唐櫃《からびつ》の底に深く納めて置いた。

問　――線⑤「折もこそあらめ」の現代語訳として最も適当なものを次の中から選び、記号で答えよ。　(2点)

ア、いつか必ず見せよう。

イ、決して見せてはいけない。

ウ、いつか見せる時があるだろう。

エ、見せない方がいいに決まっている。

「折もこそあらめ」を見て、「あ、こそがあるぞ」とすぐに気づいた人はえらいぞ。〈…**こそ…已然形**〉の係り結びだね。

文のおしまいは終止形になるというのは日本語の常識中の常識だが、古文ではそうでない場合があるんだよね。ある言葉が文中にあると、その文のおしまいの言葉が終止形でなくなり連体形になるというルールだ。

例えば、「雪、降りぬ」という古文がある。『雪が降った』という意味だね。それが、前の日まで雨だったのに、今朝はなんと雪だぞ！という気持ちの場合は、『雪だぞ、降ったのは』と言いたくなるね。

それを古文では、「雪ぞ、降りぬる」とか、「雪なむ、降りぬる」と言う。

これをもっと強く言う場合は、「雪こそ、降りぬれ」。

この係り（ぞ・なむ・こそ）と結び（連体形・已然形）の決まりで「折もこそあらめ」を見ると、

折もこそあらめ。

だと気づく。古文の苦手な人には難しいかもしれないが、「め」は「む」の已然形なのだ。「む」は『～だろう』という推量の言葉だ。「折もこそあらめ」は『折だぞ、あるだろうのは』で、『折もあるだろう』という意味だ。ここまでわかれば、選択肢ウが正しそうだと推察できるね。

「折」は、ここでは『機会』という意味で、『（この鏡を見せる）機会もあるだろう』ということだ。

老人は、母親や妻に鏡を見せたいが、鏡のなかには財宝だけでなく美人の女性が潜んでいる。それを見たら妻は、夫がよからぬ心（＝妻以外の女性を家に入れたいという思い）を抱いたと誤解しかねない。それで、いますぐではなく、あとで見せられるときが来るのを待とう、と考えたのだろうね。

正解　ウ

イ女房、ほの見咎《とが》め、あやしければ、翁が留守を待ちて、取り出《いだ》し見れば、はなはだ光りて円き物なり。のぞきて見れば、女あり。「さてこそ女房を迎へ来たりて、隠し置きけるなり。」腹立ちや、口惜しや」と思ひて、母を招き、

「これ見給へ。都より女を連れ来たれるなり。恨めしくこそ」

とて泣きけり。

※現代語訳

妻（は）、（鏡を）ちらりと目にとめ、変なので、老人の留守を待って、（唐櫃から鏡を）取り出して見ると、非常に光って（いる）丸いものである。のぞいてみると、（鏡のなかに）女（が）いる。「さては（都から）女を連れ（て）来て、隠し置いたのだ。腹が立つわ、悔しいわ」

と思って、母を呼び、

「これを見てください。都から女を連れ（て）来たのだ。恨めしく（てたまらない）」

と（言っ）て泣いた。

ここでおもしろいのは、鏡をのぞいた妻が鏡のなかの「女」を自分だと思わなかったことだ。鏡を知らない妻は、自分自身の顔も姿も見たことがなかったのだね。しかも、夫が「都より女を連れ来たれるなり」と誤解して、ひどく腹を立てた。自分を他人だと思い込んでしまう滑稽さ、さらに自分に嫉妬してしまう滑稽さ、これがこの話のおもしろさだ。

翁、山より帰りけり。女房は青ざめ、気色変りて、⑥わななと震ひ震ひ、片膝を立てて翁にいひけるは、

「都より迎へ来たり給ひしエ女房こそ。⑦飯さへ整へて参らせむと思ひ、そのB設《まう》けもなく、不都合なる仕方にこそある□。年齢《とし》にも恥ぢ給へかしや。恨めしや恨めしや」

とて、乳《ち》・胸を叩《たた》いて泣き叫びけり。

※現代語訳

老人（が）、山から帰った。妻は青ざめ、顔色（が）変わって、⑥ぶるぶると震え震えして、片膝を立てて老人に言ったのは、

「都から連れていらっしゃった（のは）女なのね。⑦飯さへ整へて参らせむと思い、その設けもなく、不届きなやりかたである□。（ご自分の老いた）年齢に（ふさわしくない行いだと）恥ずかしい（と思って）くださいよね。恨めしいわ恨めしいわ。」

と（言っ）て、乳房・胸を叩いて泣き叫んだ。

この「片膝を立てて」という動作は、相手に怒りの言葉を言ったり、談判したりするときに行う、自分の強い気持ちを表す動作で、「乳・胸を叩いて」も、激しい怒りや悔しさ

が思わず現れたときの動作だ。

問 ——線⑥「わなわなと震ひ震ひ」とあるが、どんな思いから震えたのか。ここより後の本文中から四字で抜き出して答えよ。（3点）

気持ちを直に表すのは形容詞と形容動詞だ。妻は「恨めしや恨めしや」と繰り返し叫んでいる。この「恨めし」が妻の直接感情だ（「や」は助詞で『〜なあ』『〜だぞ』『〜だわ』などという意味）。

正解　恨めしや

問 ——線⑦「飯さへ整へて参らせむ」の現代語訳として最も適当なものを次の中から選び、記号で答えよ。（2点）

ア、食事だけさせて追い返そう。
イ、食事まで作って差し上げよう。
ウ、食事さえ作って来ようとしない。
エ、食事の手伝いに帰っても来ない。

「さへ」がポイントの問題だ。いま、これを読んでいる人たちは大抵高校だけでなく、大学まで進もうと考えているだろう。それなら、こう覚えておこう、〈**だにさえまでも**〉と。〈**だにさえまでも**〉というのは、助詞の「だに」と「さへ」の訳を覚える手っ取り早いフレーズだ。「**だに**」は『さえ』と訳し、「**さへ**」は『まで』あるいは『までも』と訳すとよいのだ。これは大学入試でも大いに役に立つ知識だよ。

というわけで、「飯さへ整へて参らせむ」は『食事まで作って差し上げよう』という意味だ。

正解　イ

問 ——線B「設け」の現代語訳として最も適当なものを次の中から選び、記号で答えよ。（2点）

ア、準備　イ、利益
ウ、秘密　エ、親切

「設け」には『準備』『利益』という意味がある（大学入試で問われるのは『準備』に決まっている）。この文ではどちらだろうか。

妻は京都へ出かけていった老人の帰りを待って、旅で疲れているに違いない夫のために、食事まで作っていたのだ。それなのに旅の土産どころか、こっそり女を連れ帰ってきたのだから、待っていた甲斐がない、なんのためにも、得にもならなかったのだ。それを「その設けもなく」と述べている。

正解　イ

問 □ にあてはまる言葉として最も適当なものを次の中から選び、記号で答えよ。（2点）

ア、なら　イ、なり
ウ、なる　エ、なれ
オ、なろ

□のすぐ上に「仕方にこそある□」と「こそ」がある。あっ、これも〈…**こそ**…**已然形**〉の係り結びの問題だと気づくね。□には已然形が入る。

選択枝ア〜オで已然形はどれだろう。なら・なり・なり……という助動詞「なり」の活用変化が頭に浮かぶ人には易しい問題だね。已然形は「なれ」だ。

正解　エ

翁、ともかくもいはばいよいよやかましく、⑧近きあたりの人々立ち聞かむも恥づかしければ、うつくしみゐてつくづくと思ふに、「この円物あらむ限りは、家安からじ。とかくこの円物こそ、わが仇《かたき》なり。退治せむ」と思ひ、(注2)重代《ぢゆうだい》の太刀取り出し、散々に切り砕きけり。この太刀風に恐れて、母・女房はいづくともなく逃げ失《う》せにけり。

（注2）重代《ぢゆうだい》…代々家に伝わる

※現代語訳

老人（は）（妻に弁解の言葉を）あれこれ言うならばますます騒々しく（なって）、⑧近きあたりの人々立ち聞かむも恥づかしければ、（それに妻を）愛していてよくよく考えると「この丸いもの（が）ある限りは、一家（が）穏やかでないだろう。とにかくこの丸いものこそ、私の敵だ。退治しよう」と思い、先祖から伝わる太刀を取り出し、（鏡を）粉々に切り砕いた。この太刀（を振り回す）の様子に恐れて、母（と）妻はどこともなく逃げ失せてしまった。

問　――線⑧「近きあたりの人々立ち聞かむも恥づかしければ」の現代語訳として最も適当なものを次の中から選び、記号で答えよ。（2点）

ア、親戚の人たちの耳に入ると恥ずかしいので

イ、都の人たちの評判になるのが恥ずかしいのならば

ウ、近所の人たちが立ち聞きしていたら恥ずかしいので

エ、知り合いの人たちにうわさを立てられるのを恥と感じるならば

「近きあたりの人々」には『親類の人々』という意味も、『近隣の人々』という意味もある。しかし、『立ち聞く』は『立って聞く』、『こっそり聞く・盗み聞きする』という意味なので、アは正解でない。

正解　ウ

老人は、財宝や女性が隠れている鏡よりも、妻や家庭の方が大切だと思った。だから、鏡を砕いてしまったのだが、そのときの夫の様子が、妻の目には半狂乱になったかのように映ったのだろう。

なにしろ、高齢になった夫が、不意に都から女性を連れてきたと思ったら、その女の隠れている丸いものを粉々に破壊してしまったのだから、妻にはまったく理解不能だったのだろう。自分の身まで危険だと感じて逃げ出した。

さて、最後の問題だ。

問　――線ア〜エの「女房」の中から、他と異なるものを一つ選び、記号で答えよ。（2点）

アは『女性』という意味だったね。だが、イが『女性』では、文意が通じない。これは現代語と同じで、『妻』という意味だ。残りのウもエも『妻』ではなく、『女性』だ。

正解　イ

この問題文は、鏡を知らなかった人たちの誤解が生んだ話で、彼らを愚か者だと思えばおもしろく滑稽だが、未知のものに対して、私たちもこのような愚かしさを見せるかもしれない、と考えるとよい教訓になるね。

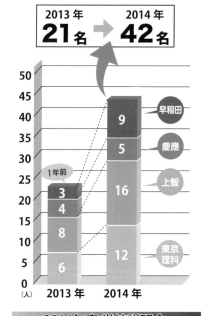

国語

東大入試突破への現国の習慣

**悔しがることも大切なんです！
自分自身に言い訳をしないこと。**

田中《たなか》 利周《としかね》先生
早稲田アカデミー教務企画顧問

東京大学文学部卒。東京大学大学院人文科学研究科修士課程修了。
文教委員会委員。現国や日本史などの受験参考書の著作も多数。

慇・懃・無・礼?!
今月のオトナの四字熟語「叱咤激励」

「しったげきれい」と読みます。「叱咤」は「大声で励ますこと、しかること」、「激励」は「励まし、元気づけること」を意味します。「監督が選手を叱咤激励する」といったような用法に見られるように、「指導を行うべき」立場の者が、「実際にプレーする」立場の者に働きかける行為を表す言葉だと言えます。

われわれ塾講師にとっては、教室という現場で、「先生」という立場から「生徒」に向かって、日々行っている行為です。「実際にプレーする」のは生徒本人ですから、授業の中で講師がどれほど「素晴らしい板書」を書き示したところで、どれほど「理路整然と見事な解説」を展開したところで、生徒が実際に身につけて使いこなせるようにしなくては、意味がないのです。「いいか、お前たち！　頭を使えよ、手を動かせよ！」と、あきることなくわれわれが繰り返し語りかけているのは、「頼んだぞ！　身につけてくれよ！」という心からの叫びなのです。皆さんには通じているでしょうか？

そして塾講師にとって、「叱咤激励」の最大の山場と言えるのが「入試激励」になります。入試当日の朝、試験会場となっている学校の校門のところで、塾の先生たちが群をなして、やってくる受験生を迎えるために、今か今かと鋭い視線を飛ばしながら、自分の生徒を見つけるや、フットワークも軽く歩み寄って声をかけている姿を、皆さんも報道などで目にしたことがあるのではないでしょうか。首都圏においてはすっかり冬の風物詩ともいえる光景になっています。作家の浅田次郎さんが、自身の駒場東邦中学受験の回想で、親戚一同と家庭教師まで引き連れて試験会場に向かう受験生に引け目を感じた、とおっしゃっていますので、昔から「塾講師の激励」はあったのでしょう。浅田さんは60歳をとうにこえていらっしゃいますからね。答案の出来は完璧で、結果、合格もするのですが、たった一人で試験会場に向かう自分が「場違い」ではないか？　という印象を受けたことを語っていらっしゃいます。

さて、季節外れともいえる「冬の風物詩」の話を、あえて今回取り上げてみたのには理由があります。先だって行われたサッカーワールドカップの決勝戦、ドイツが延長戦でアルゼンチンを下して優勝した試合、この試合でのドイツの監督の「叱咤激励」が、筆者には「入試激励」とかぶって見えたからなんです！

決勝点を決めたのは、後半43分の選手交代で途中出場したマリオ・ゲッツェ選手でした。途中出場の選手による決勝点が、チームに栄冠をもたらしたのはワールドカップ決勝では初めてだということです。バロンドールと呼ばれる「世界年間最優秀選手」に何度も選ばれているリオネル・メッシ選手を擁するアルゼンチンに対して、ドイツのヨアヒム・レーブ監督が「切札」として最終最後に投入したゲッツェ選手。報道によると「メッシより上だということを世界に見せてやれ！　そしてワールドカップを決めるんだ！」と、レーブ監督がゲッツェ選手を激励したとのこと。準決勝のブラジル戦では控えの選手として、試合に出場することはかなわなかったゲッツェ選手。悔しい思いもしたことでしょう。「ここしかない！」という場面で、「お前しかいない！」と声をかけられたのです。

しびれますよね！　こんな風に監督から激励されて選手が奮い立たないわけがない！　と思いませんか？　ドイツのチームにドイツ人の監督がいたからこそ可能になった「激励」だと思います。練習方法の確立、試合運びの作戦、選手起用の戦術など、サッカーの監督に求められる仕事は多岐にわたるでしょうが、最後の最後で選手個人を奮い立たせることができるかどうかは、試合の結果を左右する重要な鍵となります。それはやはり「言葉がけ」によるところが大きいといえるでしょう。ドイツの選手には、当たり前ですがドイツ語で語りかけるのです。その点で日本代表監督に日本人を据えることのできないもどかしさは、「サッカー後進国」日本の、現時点での弱みだと思いますよ。

「入試激励」という塾講師の仕事も、入試本番で最高のパフォーマンスを発揮できるように生徒自身を奮い立たせることを目的としています。教科知識の伝授や受験勉強のさせ方など、塾講師に求められる仕事も多岐にわたるでしょうが、最後の最後で受験生個人を奮い立たせることができるかどうかは、やはり大きなポイントだと思います。

実際にテストを受けるのは生徒本人です。いくらかわって受けてやりたくても、先生はテストに対して手も足も出せないのですから。生徒に働きかけるしかないのです。

「大丈夫。お前ならやれる。必要なことはすべてたたきこんである。あとは答案にぶつけるだけだ。お前が優れていることを証明してこい！　そして合格を決めるんだ！」

これは筆者が実際にある生徒にかけた激励の言葉です。生徒ひとり一人の性格も違えば、講師との関わり方や積み重ねてきた勉強の仕方も違う…。そんな教え子たちに対して、激励でかける言葉は、当然全員違ってきます。ドイツの監督がかけた言葉を聞いて、ゲッツェ選手の性格やら練習への取り組み方など、勝手に思い描いてしまう筆者です。ワールドカップで入試激励を思い出したという意味もお分かりでしょう。

グレーゾーンに照準！
今月のオトナの言い回し
「皮肉屋」

「ひにくや」と読みます。「わかりますよ！　それくらい」という声が聞こえてきそうですが、皮《ひ》も肉《にく》も、どちらも「音読み」であるところがポイントです。漢語読みなのですよ。「皮肉」というのは中国の故事成語だったのですね。ちなみに「肉」の訓読みは「しし」ですからね。この熟語、かの有名な達磨大師の言葉に由来します。ダルマさんですよ、ダルマ。達磨大師がお弟子さんの修行の進み具合を評価するにあたって「到達度レベル」を設定したのです。一番レベルの低いのが「皮＝表面だけ理解」で、次が「肉＝意味を理解」になり、さらに「骨＝考え方を理解」へと進み、最後に「髄＝根本から理解」というように。ですから、「皮・肉」は到達レベルが低く、本質を理解していないという意味になるのですね。「あいつは皮肉屋だ」と言えば、本来、底の浅い解釈しかできない人物、という意味になるわけです。

「皮肉屋」という使い方をしたときの「皮肉」は、「相手を意地悪く、遠まわしに非難する」という意味になりますよね。相手が成功したときに「たまたま運が良かっただけ」なんて、これまでその人が積み重ねてきた努力などには見向きもしないで発言するわけです。では、自分が成功したときに「たまたま運が良かっただけ」というのは、皮肉でしょうか？　いえいえ、これは謙遜ですよね。それでは皮肉屋は、自分自身の行いについてどんな態度をとりがちなのか？　皮肉屋のキツネの話がイソップ童話にあります。高い所にあるぶどうの実を、「あれはすっぱいぶどうだから」と言い訳して、手を出すことをあきらめてしまう話です。とろうとしたけれどもとれなかった。その悔しさを認めたくないものだから、チャレンジしなかったことにするのです。「自分にはそもそも必要ないことだった」と納得してしまうという心理作用です。でもそれは負け惜しみですよね。挑戦に失敗はつきものなのですから、悔しい思いをちゃんと受けとめることこそが大切なのですよ。ゲッツェ選手のように必ず「次のステージ」が待ち構えているのですから。

lと曲線gとの交点をBとする。

曲線f上にあり，x座標が負の数である点をPとする。

点Pを通りy軸に平行な直線をmとし，直線mと曲線gとの交点をQとする。

原点から点(1,0)までの距離，および原点から点(0,1)までの距離をそれぞれ1cmとして，次の各問に答えよ。

（都立・進学指導重点校グループ問題）

図1

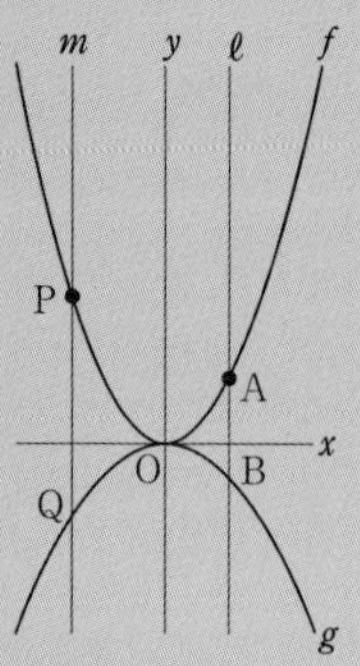

図2

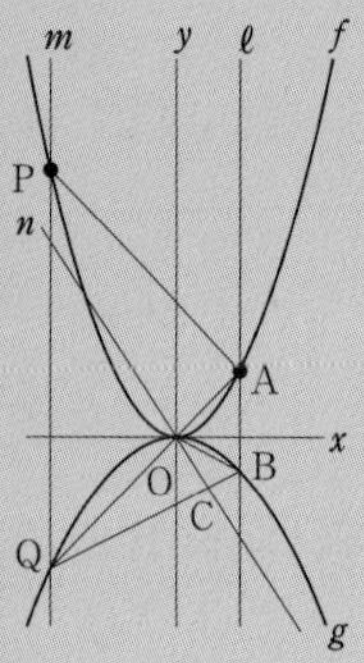

（1） 点Qの座標が（−3, −3）のとき，2点O，Bを通る直線の式を求めよ。

（2） 図1において，点Aと点P，点Pと点O，点Oと点Bをそれぞれ結んだ場合を考える。

点Pのy座標が$\frac{25}{2}$，四角形APOBの面積が$\frac{45}{2}$ cm^2のとき，aの値を求めよ。

（3） 上の図2は，図1において，$a=-\frac{1}{4}$で，2点O，Aを通る直線を引き，点Qが2点O，Aを通る直線上にあり，点Aと点P，点Oと点B，点Bと点Qをそれぞれ結び，点Oを通り△APQの面積を2等分する直線をn，直線nと線分BQとの交点をCとした場合を表している。

このとき，△OQCの面積は，△OCBの面積の何倍か。

ただし，答えだけでなく，答えを求める過程が分かるように，途中の式や計算なども書け。

<考え方>

（2） △AOBの面積に注目して、aを用いた方程式をつくります。

（3） まず、面積の関係から、直線mと直線nの交点の座標を求めます。

<解き方>

（1） Q(−3、−3)を$y=ax^2$に代入して、$-3=9a$より、$a=-\frac{1}{3}$

$y=-\frac{1}{3}x^2$に$x=2$を代入して、$y=-\frac{4}{3}$より、B$(2, -\frac{4}{3})$

これより、OBの傾きは$-\frac{2}{3}$だから、直線OBは、

$\boldsymbol{y=-\frac{2}{3}x}$

（2） Pのx座標は、$y=\frac{1}{2}x^2$に$y=\frac{25}{2}$を代入して、$\frac{25}{2}=\frac{1}{2}x^2$、かつ、$x<0$より$x=-5$

よって、APの傾きは$\frac{1}{2}\times(-5+2)=-\frac{3}{2}$より、直線APの式は$y=-\frac{3}{2}x+5$

これより、$△AOP=\frac{1}{2}\times(5+2)\times5=\frac{35}{2}$

よって、△AOB＝四角形APOB−$△AOP=\frac{45}{2}-\frac{35}{2}=5$

一方、A(2、2)、B(2、4a)より、$△AOB=\frac{1}{2}\times(2-4a)\times2=2-4a$

これらより$2-4a=5$が成り立つから、これを解いて、$\boldsymbol{a=-\frac{3}{4}}$

（3） 直線OAの式は$y=x$だから、$-\frac{1}{4}x^2=x$を解いて$x=-4$

これより、Q(−4、−4)、また、P(−4、8)

よって、$△APQ=\frac{1}{2}\times(8+4)\times6=36(cm^2)$

直線mと直線nの交点をRとし、そのy座標をrとすると、$△ORQ=\frac{1}{2}\times(r+4)\times4=2(r+4)$

これが△APQの$\frac{1}{2}$になるので、$2(r+4)=36\times\frac{1}{2}$

これを解いて$r=5$より、R(−4、5)

このことから、直線nが線分AP上の点を通って、△APQを2等分することはない。

よって、直線nの式は、$y=-\frac{5}{4}x$ ……①

一方、B(2、−1)より、直線QBの式は、$y=\frac{1}{2}x-2$ ……②

①、②より、点Cのx座標は、$-\frac{5}{4}x=\frac{1}{2}x-2$を解いて、$x=\frac{8}{7}$

よって、△OQC：△OCB＝QC：CB＝(点Cと点Qのx座標の差)：(点Bと点Cのx座標の差)

$=(\frac{8}{7}+4):(2-\frac{8}{7})=6:1$

以上より、△OQCの面積は、△OCBの面積の**6倍**

関数の問題では、数量と図形の融合問題となっているものが少なくありません。その場合、関数の基礎知識に加えて、図形の性質をしっかりと身につけていなければ正解を導けないことになります。そこでこれは苦手だと敬遠するのではなく、数量と図形の両方を一度に勉強できるお得な問題と考えることが大切です。より多くの問題に挑戦して、解説をしっかり研究して、数学の総合力を養ってください。

また、途中の計算が長くなることが多いので、計算の正確さとスピードも意識して学習を進めていきましょう。

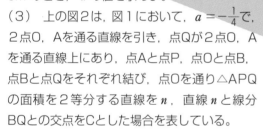

WASE-ACA TEACHERS

数学

楽しみmath 数学！DX

2次関数と図形の融合問題で数学の総合力を高める

登木 隆司先生

早稲田アカデミー 城北ブロック ブロック長
兼 池袋校校長

今月は、関数の2回目として2次関数と図形の融合問題を学習していきます。

はじめに、放物線と平行四辺形に関する問題です。

問題1

図で，Oは原点，Aは y 軸上の点，B，Cは関数 $y=-\frac{1}{2}x^2$ のグラフ上の点，Dは関数 $y=\frac{1}{4}x^2$ のグラフ上の点である。また，線分ADは x 軸に平行である。

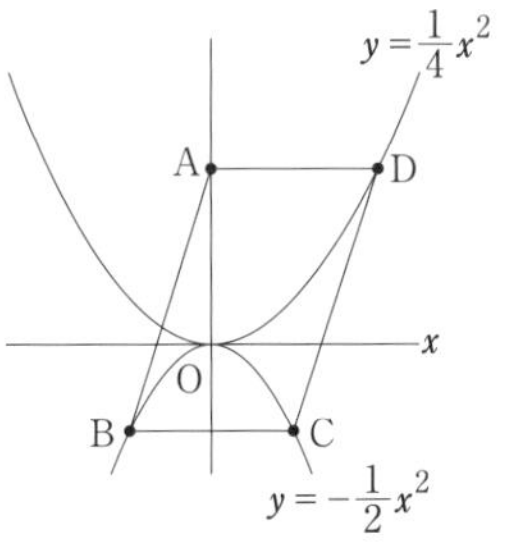

四角形ABCDが平行四辺形で，点Cの x 座標が2であるとき，次の（1），（2）の問いに答えなさい。　（愛知県）

（1）　点Dの座標を求めなさい。

（2）　平行四辺形ABCDの面積を2等分する傾き2の直線の式を求めなさい。

<考え方>

（1）　点B、Cが y 軸について対称であることに注目。

（2）　平行四辺形の面積を2等分する直線は、必ず対角線の交点を通ります。

<解き方>

（1）　AD//BCより、B、Cの y 座標が等しいことから、B、Cの x 座標の絶対値も等しい。

よって、Cの x 座標が2であることから、AD＝BC＝4

これより、Dの x 座標が4だから、これを $y=\frac{1}{4}x^2$ に代入して、y＝4より、**D(4、4)**

（2）（1）より、A(0、4)、C(2、−2) だから、ACの中点は（1、1）

求める直線は、この点を通り、傾きが2であることから、**y=2x−1**

次は、放物線と三角形の面積に関する問題ですが、少々計算が複雑になります。

問題2

次の図1で，点Oは原点，曲線 f は関数 $y=\frac{1}{2}x^2$ のグラフ，曲線 g は関数 $y=ax^2$（$a<0$）のグラフを表している。

点Aは曲線 f 上にあり，x 座標は2である。

点Aを通り y 軸に平行な直線を l とし，直線

英語で話そう！

川村 宏一先生
早稲田アカデミー　教務部中学課
上席専門職

朝がちょっぴり苦手な中学３年生のサマンサは、父(マイケル) と母(ローズ)、弟(ダニエル) との４人家族。

朝起きるといつもと様子が違うサマンサ。心配をしてローズが声をかけると、どうもサマンサは昨夜からお腹が痛かったようです。ローズはサマンサを病院へ連れて行くことにしました。

2014年 9 月某日

Rose　：Are you okay?
ローズ：サマンサ、どうしたの？

Samantha：I have a stomachache. …①
サマンサ　：お腹が痛いの。

Rose　：That's too bad. Do you want to go to hospital?
ローズ：まあ、大変。病院に行く？

Samantha：Yes. Thank you.
サマンサ　：うん。ありがとう。

Rose　：Daniel, I'll take Samantha to the hospital. …②
ローズ：ダニエル、サマンサを病院へ連れていくわね。

Daniel　：Ok. Take care. …③
ダニエル：わかったよ。気をつけて。

今回学習するフレーズ

解説①　have a ～ache	「お腹が痛い」「風邪をひいた」などの表現 (ex)　I have a toothache.／「歯が痛い」 　　　I have a headache.／「頭が痛い」
解説②　take～to…	～を…へ連れていく (ex) My father took me to the zoo. 「父親は私を動物園に連れていってくれた」
解説③　take care (相手に対して)「気をつけてね」	take care of～／～の世話をする (ex) I have to take care of my brother. 「私は弟の世話をしなければならない」

世界の先端技術

search コペンハーゲンホイール

教えてマナビー先生！ 今月のポイント

**いま乗っている君の自転車が
電動アシスト自転車に早変わり
坂道らくらくの車輪ユニット**

自転車の後輪（写真手前）に取りつけることで、普通の自転車が電動アシスト自転車として使えるようになる

少し涼しくなってきた。こんな秋の爽やかな風のなかを自転車で走るのは気持ちのいいものだね。でも、登り坂や長い距離を走るときにはちょっと疲れる。そんなときにほしくなるのが「電動アシスト自転車」。モーターで足の力をサポートしてくれる自転車だ。でも、ほしいけど価格がちょっと高いのが難点だね。

今回紹介するのは、新たに電動アシスト自転車を買わなくても、いま、君が使っている、そう、気に入っている自転車が電動アシスト自転車に早変わりする、夢のような車輪ユニットだ。

名前を「コペンハーゲンホイール」と言う。自転車天国と言われるデンマークのコペンハーゲン市からとった名前だ。

マサチューセッツ工科大学（MIT）で開発された技術で、使い方は簡単。いま使っている自転車の後輪に、この車輪ユニットを取りつければいい。

中心軸の特徴ある赤いケース（写真の黒い部分）には、モーターとバッテリー、装置をコントロールするコンピューター、データを外部に送信する通信機器が入っている。電動アシスト自転車だからバッテリーはついているけど、充電は効率的にできる。普通の道や坂道を下るときなど、人の力がいらないときには内臓のバッテリーに充電しながら走ることができるし、止まるときにもブレーキとして作用して回転しているエネルギーを電池に蓄えられる。そして登り坂など負荷がかかったとき、「待ってました」とばかりにモーターがこぐ力をサポートしてくれるんだ。

おもしろい機能はペダルや車輪の状態をセンサーがとらえて、それを自分のスマホに無線通信で送ってくれることだ。速度計としても、走行距離や時間、カロリー消費などの走行記録計としてもスマホを使うことができる。もちろんバッテリーの充電状態を監視したり、盗難防止錠のロックやアンロックもスマホでできてしまうんだ。同じ車輪ユニットを持っている友だちとデータの交換もできてしまうぞ。

プログラムの作り方は公開されているので、自分でアプリを作って自分の走りに合ったアシスト力を調整することだってできるんだ。

価格は従来の電動アシスト自転車の半額以下というから、君だって手が届くかもしれない。

▶マナビー先生
日本の某大学院を卒業後海外で研究者として働いていたが、和食が恋しくなり帰国。しかし科学に関する本を読んでいると食事をすることすら忘れてしまうという、自他ともに認める“科学オタク”。

開智高等学校

進学実績を支える開智高校の授業＋サポート＋独習

年々大学合格実績を伸ばしている開智高校。今春の難関大学合格者数の県内ランクは国公立、早慶上理、GIMARCH、すべて県内ベスト5で、医学部合格者は45人を越えました。

正規の授業、特別講座、講習をリンクさせた徹底した受験サポート

「自ら学ぼうとする生徒と卓越した指導力の教師とがつくり出す開智の授業」

開智高校では、受験指導に精通した教師による質の高い授業が毎日行われています。各単元の基礎的な知識や考え方の習得から、それらを自ら使いこなして考えることができるようになるまで、少しずつ生徒たちのレベルアップを図っています。

また開智高校では「学び合い学習」を早くから導入しています。この「学び合い学習」は、先生の話を聞くだけではなく、自ら課題や問題点を発見し、それらを友人と共に学ぶことで、より深い理解を目指す学習法です。このことで生徒には、自ら考え、調べ、発信するという能動的な学習姿勢が育まれていきます。開智高校の学びはあくまで生徒が主役です。

主体的に学ぼうとする生徒と、卓越した指導力を持った教師によって、開智の授業は日々つくり出されています。

「授業と完全リンクした放課後の特別講座」

1・2年生は月曜日と木曜日に2時間ずつ、3年生は週6日、1日3時間ずつの「放課後特別講座」が実施されます。たとえば、東大を受験したいと考えている生徒には、月曜日に現代文・日本史・世界史、火曜日に数学、水曜日に英語、木曜日に古典、金曜日に数学・現代文、土曜日に化学・物理の講座が用意されていますので、生徒は自分で必要とする科目を各曜日の講座から選択して受講します。普段の授業を担当している教師による講座なので、授業と完全リンクした内容となっており、高い学習効果が得られます。なお、これらの放課後特別講座は1・2年生は無料、3年生は教材費500円のみで受講することができます。

■入試説明会・個別相談会　(説明時間約90分、個別相談約15分)

9月20日	土		13：30～	個別相談 10：00～16：30
10月4日	土	10：00～		
10月25日	土	10：00～	13：30～	
11月22日	土		13：30～	
11月23日	祝	10：00～	13：30～	
12月20日	土	10：00～		

※個別相談会のみ９月以降ＨＰにて予約が必要です。

「生徒の進路に合わせて選べる講座」

開智高校で用意された授業以外の講習には、夏期講習、冬期講習、直前講習、春期講習があります。夏期講習を例にあげますと、1・2年生は通常の講習10日間に3泊4日の勉強合宿を合わせて約2週間、3年生は5日×6期の計30日間、それぞれ実施します。1・2年生は1日4～5時間、3年生は1日6～8時間の講座が組まれていて、ほとんどの生徒がこれらの講座を使って勉強しています。

また、3年生だけに行われる直前講座は、センター試験、国公立大学2次入試、私立大学入試に合わせた対策講座です。

夏期講座、冬期講座、春期講座は1時間あたり360円、直前講座は無料で実施されています。

■平成26年　大学合格者

国公立大学(　)は現役		
大学名	合格者	高等部
東京大学	10	1
京都大学	2	1(1)
東北大学	7	4(3)
名古屋大学	3	1(1)
大阪大学	3	1
九州大学	1	1(1)
筑波大学	11	1(1)
東京外国語大学	4	2(2)
電気通信大学	5	4(3)
横浜国立大学	3	1(1)
埼玉大学	23	18(18)
千葉大学	7	3
その他国公立大学	67	36(25)
国公立大学合計	146	74(56)

私立大学(　)は現役		
大学	合格者	高等部
早稲田大学	78	20(12)
慶應大学	44	10(2)
上智大学	36	13(9)
東京理科大学	117	48(35)
明治大学	116	54(41)
立教大学	64	32(27)
法政大学	88	57(37)
中央大学	62	41(32)
青山大学	37	22(14)
学習院大学	31	14(6)
その他	822	486(337)
私立大学合計	1495	797(552)
私立大・医学部医学科合計	31	8(2)
国公立大・医学部医学科合計	15	7(3)

本物の実力を自らつかみとる「独習」

「自ら学ぶ」、これが開智高校の最も大切にしている学習姿勢です。「授業」で身につけた概念や知識は、能動的な「独習」によって、はじめて真の学力として定着させることができます。つまり本物の実力をつける上で「独習」は極めて重要なものと言えます。

開智高校には、放課後や休日、空き時間に落ち着いた環境で独習できる「独習室」（自習室）が完備されています。平日は、1・2年生は午後7時まで、3年生は午後9時まで利用でき、休日は午前9時から午後5時まで利用できます。

また、校舎内には「学び合いスペース」と呼ばれる、丸テーブルがいくつも置かれている場所があり、生徒たちは放課後や休み時間などを利用し、お互いに教え合ったり先生に質問したりしています。静かに勉強する「独習室」と話し合いながら勉強できる「学び合いスペース」を目的に応じて使い分けています。

「授業」「独習」を補充する 教師の熱い「サポート」

「授業」と「独習」の両輪で学習を進めていくにあたって、それをより効果的なものにするのが、教師の「サポート」です。職員室にある「学び合いスペース」は、生徒がいつでも何でも教師に質問できる場所です。丸テーブルに生徒と教師が座って勉強している姿は毎日見ることができます。また、面談を通して、教師による学習や進路のアドバイスが随時行われている状況も見かけることができます。将来の夢を実現することを願いながら、教師は全力で生徒たちを「サポート」します。

～難関大学合格を目指すTコース～

東大、京大、国公立医学部等の難関大学を志望する生徒たちを対象とした「Tコース」が2年生から設置されます。難関大学受験指導に精通した教師陣による、「Tコース」独自のカリキュラムや教材を利用した授業をベースに学習を進めていきます。また、1年生には、「プレTコース」と呼ばれる、2年生からの「Tコース」での学習準備を行う選抜コースを設置して、学力上位の生徒に対応しています。

KAICHI

開智高等学校

高等部（共学）

〒339-0004
さいたま市岩槻区徳力西186
TEL 048−794−4599（企画広報室）
http://www.kaichigakuen.ed.jp/
東武アーバンパークライン（東武野田線）東岩槻駅（大宮より15分）徒歩15分

みんなの数学広場

問題編

答えは次のページ

初級～上級までの各問題に生徒たちが答えています。
どの生徒が正しい答えを言っているか当ててみよう。
もちろん、当てずっぽうじゃなく、実際に問題を解いてみてね。

TEXT BY かずはじめ
数学を子どもたちに、楽しく、わかりやすく、使ってもらえるように日夜研究している。好きな言葉は、"笑う門には福来る"。

上級

正四面体の外接球と内接球の体積比は？

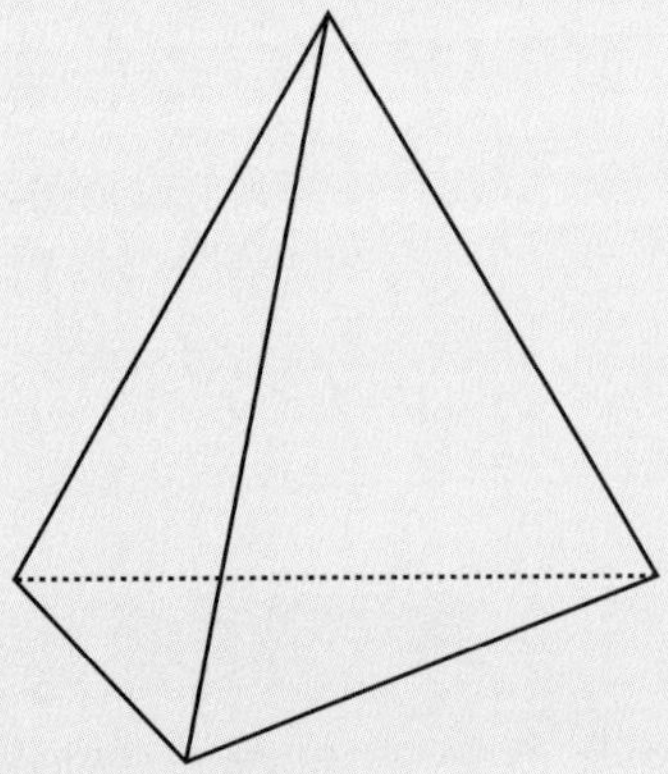

A 答えは…

3 : 1

そう聞いたことがある。

B 答えは…

8 : 1

こうだったと思うけど…。

C 答えは…

27 : 1

これは間違いないでしょ。

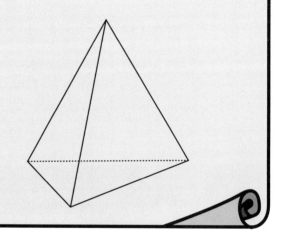

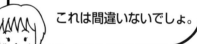

中級

「トイチ」とは、10 日後には１割の利子がつくことです。

100 円なら、10 日後に 110 円、20 日後には 121 円、１カ月後には 133 円です。6 カ月後には 500 円を超えます。

さて、「トイチ」で１円を借りたら、１年後にはいくらになるでしょうか。

A 答えは…

1円

1円の１割は1.1円だから結局払えない。

B 答えは…

10円

半年で５倍だから、1 年で10倍じゃない？

C 答えは…

30円以上

多分、30倍以上になるよ。

初級

世界で最初の電卓は 1963 年にイギリスで開発された Anita といわれているもののようです。

電卓はそれから約50年間使われてきました。

では、現在使われている電卓の本来の名前はなんでしょう。

A 答えは…

電動式卓上計算機

これしかないでしょう。

B 答えは…

電子式卓上計算機

電子計算機って聞いたことあるでしょ？

C 答えは…

電池式卓上計算機

電池で動くから。

解答編

上級

正解は C

まじめに求めてもいいのですが…。

正四面体ABCDがあるとき、頂点Aから底面の正三角形ABCに垂線を下した足をGとすると、Gは△ABCの重心、というのはよく知られています。

このとき、線分AGを３：１に内分した点が外接球と内接球の中心になり、この中心は一致します。

と言うことは、線分AGの $\frac{3}{4}$ が外接球の半径になり、線分AGの $\frac{1}{4}$ が内接球の半径になります。

したがって、外接球と内接球の半径の長さの比は３：１で、体積比はこの３乗比ですから $3^3 : 1^3 = 27 : 1$ になります。

もちろん、きちんと体積を求める方法でも問題ありませんよ。

今回は知識として覚えておきましょう！

A

惜しいね。これは半径の比だね。

B

それは相似比２：１の体積比のことなんじゃない？

C

中級

正解は C

365日借りるということは、365日÷10で36.5回分利子が発生します。ということは、単純に37回利子が発生するので1.1の37乗 = 34.0039486なので、34円になります。

1年で34倍になるなんて…すごいですね。

A

キミって楽観的だね。破産するよ！

B

キミもなかなか。貯金しようね。

C

初級

正解は B

確かに電子計算機って言いますよね。
電卓がないころはそろばんを使っていました。
みなさんはそろばん、使えますか？

A

電動式…。電卓って動いてる？

B

C

確かに電池で動くんだけどね。太陽電池もあるし。

宝仙学園高等学校共学部

現代社会と世界に通じる教育『理数インター』

新しい学校だからこそできる、世界に羽ばたく理数インター

★2期生大学合格結果 1期生に続き、GMARCH合格数が卒業生数以上に!!

8年前に創設された学校だから、卒業生もまだ2回しか出していません。1期生の段階から学習院・明治・青山・立教・中央・法政大（以下GMARCH）の合格数が卒業生数以上になり話題を呼んだ一昨年でしたが、2期生も1期生に負けずとも劣らない実績を出しました。医学部3名、国公立19名（旧帝大4名を含む）早慶上理・ICU19名、GMARCH57名、合計92名という結果は、2期生の生徒たちと学校の先生たちとの信頼感の証でしょう。

宝仙学園高等学校共学部理数インター（以下理数インター）の教育の中には『世界に通じる教育』『人として求められる教育』『現代社会が求める教育』の3つを常に意識しています。『世界に通じる教育』そして『現代社会が求める教育』の分野では、「プレゼンテーション能力の育成」と「コミュニケーション能力の育成」とを掲げています。その前提となるのが「理数的思考力」であり、本校の「理数インター」の語源ともなっています。

以前は理数インターというと理系の学校と間違われることもありましたが、最近はそのような質問もめっきりなくなり、国公立を目指す進学校のイメージが定着しました。

★プレゼンテーション能力

多くの高校が英語のスピーチコンテストを行いますが、本校では敢えて「プレゼンテーション」にしています。単なる暗唱ではない、使える英語としての発表の機会でもあります。中学生ならば身近な話題が中心となるのでしょうが、高校生ともなると社会問題に迫る内容のものを発表しています。大人であれば見逃しそうな問題を、高校生の視点で発表していく内容には目を見張るものがあります。

その基本になる「総合探究」という時間が理数インターにはあり、プレゼンテーション能力を育むための授業があります。高校入学の4月から自分が興味を持ったことを基に、疑問⇒仮説⇒検証⇒考察⇒発表と、段階を踏んで研究とともにプレゼンテーション能力を磨いていきます。

そして高校2年生で行うアメリカのスタンフォード大学でのミニ留学（修学旅行）につなげていきます。

★スタンフォード大学でのプレゼン体験と自然体験

スタンフォード大学は、世界トップクラスの大学であり、その教育の質はつとに有名です。その大学の先生や学生を前にして、英語によるプレゼンテーションを行います。当然、英語での質問を受けるので、それは容易なことではありません。自分の発表が世界に通用するのか、英語力は…、果たして英語が通じるということはどういうことなのか、観光ツアーとは異なる、初めて体験する第一線の『世界』を前にして、生徒たちは成長していきます。

スタンフォード大でのプレゼンテーションの後は、2泊のカリフォルニア州・ヨセミテ国立公園の旅です。サンフランシスコの奥にあるヨセミテは、観光コースから外れがちな場所です。大人になってからもなかなか行ける場所ではありません。実際に歩いて『湿度がないから日差しは強いけれど、爽やかだね』といった皮膚感覚を感じてもらえる旅を作っています。そこで気づくアメリカの人たちの食文化への影響など、聞いたことはあっても実感するとまた理解の深まりが異なります。

事前リサーチや旅行会社と交渉、事後の教員内での総括にも力をいれています。前の年の総括を反映させるので、旅行の内容が毎年変わります。『一生に一度しかない旅。それだったら、どんな旅にしてあげたいの

高校修学旅行

スタンフォード大学でのプレゼン

異文化体験

ヨセミテ国立公園

か?』を教員側も真剣に討論します。

写真の生徒たちの表情は、どれも伸びやかです。規律や規制でしばるのではなく、本気で自分たちのことを考えてくれる教員のバックアップ体制があるからこそ、生徒たちは安心して自分自身にピントを合わせた「大人の旅」ができるのだと思います。

理数インターの学校生活

理数インターの授業は、学校の授業で大学受験まで対応できる内容です。しかし8時間目・9時間目まである学校とも異なります。高校からの入学生には、中学生からのクラスとは別クラスが高校の1年間は設定されます。従って、中学から高校に入るクラスと、高校から入ってくるクラスがありますので、既に人間関係が出来上がっている中に入るわけではありません。

一方で、私立中学で育った人たちがどのような学習・生活をして来たのかということを横で見ることができるのも、高校入学クラスが編成される学校の魅力の1つです。

高校2年生からは国立理系・国立文系・私立理系・私立文系といった系統別でクラス編成がされます。高校2年生からの授業は原則6時間目で終わります。習ったことをしっかりと自分のものにするための自学自習時間を確保するためです。自習室で学習する生徒や、教室で学習する生徒、先生に質問に行く生徒が見受けられます。授業がない時間を有効に活用できる雰囲気が学校にあるからこそ、冒頭のような実績が出せるのでしょう。

理数インターでは、理数的思考力に基づき、部活・学校行事に対しても時間を大切にしながら活動しています。学習との両立を図るために平日の部活は週3日までとしており、その時間内でどれだけ結果が出せるかが勝負となります。言われた練習ではなかなか結果は出せません。そこで自分たちで考えて自発的に行う取り組みだからこそ、進歩が見える取り組みを行っているのも理数インターの部活の特色の1つかもしれません。また、行事の体育祭や文化祭・合唱祭についても、だらだらした準備でないからこそ、質の高さが求められます。一日一日を大切にする3年間が理数インターにはあります。

宝仙学園中学・高等学校共学部
理数インター

★**説明会**
10月11日(土)14:30~16:00
11月 2日(日)10:30~12:00
11月29日(土)14:30~16:00
12月 6日(土)14:30~16:00
★**入試体験会・解説会・Point会**
11月30日(日)13:30~17:00入試体験会
12月21日(日) 8:45~12:10入試体験解説会
1月10日(土)10:00~12:00入試POINT会
★**文化祭(宝仙祭)**
10月25日(土)・26日(日)10:00~15:00

〒164-8628 東京都中野区中央2-28-3
Tel.03-3371-7109

先輩に聞け！

大学ナビゲーター

明治大学

政治経済学部
地域行政学科4年

成田《なりた》　美琴《みこと》さん

プレーヤーとしてだけでなく主務としても力を注いだラクロス部の活動

地域行政に関して幅広く学んでいます

——明治大学に入学した理由は。

「数学が得意科目でしたし、第1志望が東北大だったので、併願する私立大学も入試で数学が使える政治経済学部か法学部を探していました。そのなかでも一番幅広く色々なことを学べそうだったので、明治大の政治経済学部地域行政学科に入学しました。」

——学科の特徴はありますか。

「地域行政学科は政治経済学部のなかでも政治学と経済学のどちらも学べる学科です。1・2年生では基本的な『政治学基礎』や『マクロ経済学』などが必修で、さらにそれらにプラスして、憲法や行政学に関する科目も必修でした。政治学や憲法の講義はおもしろく感じましたが、経済学は難しくて苦手でしたね。

　3年生になると地域行政学科ならではの科目が増えてきます。もともと興味のあった、まちづくりや地域復興、過疎化、高齢化などに、地方自治体がどうかかわっていくのか、ということを学べるので、受講するのが楽しくなってきました。」

——講義について教えてください。

「いままで受けたどの講義よりも熱心に取り組んでいるのが『地域行政学』の講義です。最近では、それぞれ地元の市議会を見学してくる、という宿題が出ました。祖父が市議会議員だったので、過去に1度見学しに行ったことはありましたが、議会についてきちんと勉強してから見学に行くとまた違った見方ができておもしろかったです。当日の内容はレポートにまとめ、後日、講義で発表しました。

　また、地域行政に携わっている方を招いて講演を行ってもらう『地域研究総合講座』は、毎回異なる方が来てくださりさまざまな話が聞けるので、いつも楽しみにしていました。ほかにも、税収や社会福祉に関することなど、地域行政にかかわることを幅広く学びました。」

――何部に所属していますか。

「体同連のラクロス部です。明治大には体育会と同好会の狭間に『体同連』という組織があり、ラクロス部はそこに所属しています。体育会ではないので、グラウンドの使用に制約があったりと、苦労することも多々ありますが、日本一をめざして日々練習に励んでいます。

　私は主務として運営面でもチームを支えているので、学生生活の軸は部活動だと言っても過言ではないほど力を入れて頑張っています。約120名の大所帯で実力別にABCの3チームに分かれているため、チーム間にモチベーションの差があるのが課題です。最近Aチームに昇格できたのでいま以上に頑張りたい気持ちと、幹部でもありBチームの経験者でもあるので、チーム間のつなぎ目にならなくては、という思いがあります。ちなみにポジションはゴーリー（※）です。

　今年の関東学生ラクロスリーグの開幕戦が、明治大と慶應大の対戦に決まりました。開幕戦は多くのラクロッサーが注目していますし、慶應大には一昨年、昨年と惜敗しているので、ぜひ勝ちたいです。」（取材日は7月30日。開幕戦は8月14日に行われ、明治大は見事勝利。）

――就職活動はどうでしたか。

「就職活動ではさまざまな企業を受けるだけではなく、その企業に勤めている方を訪問して積極的に話すことを心がけていました。そして、最終的には『この人のようになりたい』と憧れを抱いた社員の方がいる企業への入社を決めました。

　ラクロス部の活動は大変なことも多いですが、先輩とのつながりができたことで色々な企業の方と話せましたし、面接などでも胸を張ってアピールできたので、就職活動を通して、部活動を頑張ってきてよかったなと改めて思えました。」

※ゴールキーパーのこと

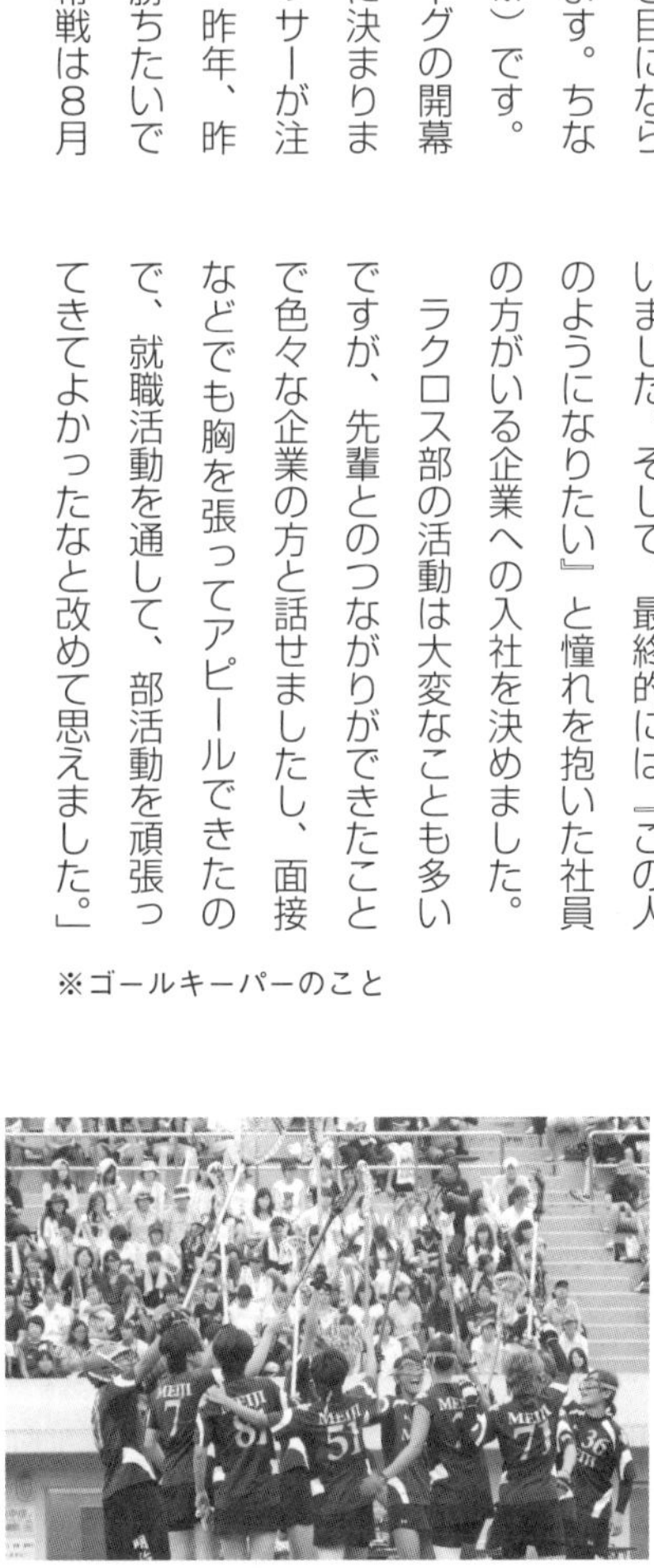

▲勝利を収めた開幕戦の様子。

▼交流試合を行ったボストン大のラクロス部員と成田さん。

【学校見学で変化した印象】

県立浦和第一女子高出身です。伝統がある学校なので憧れはありましたが、自宅から少し遠いし、勉強ばかりしている人が多いイメージで迷っていました。しかし、実際に学校見学に行ってみると、勉強だけではなくスポーツも頑張っている、元気でパワフルな先輩が多い印象を受け、入学したい気持ちが強くなりました。当時の偏差値だとチャレンジ校でしたが、諦めずにめざしてよかったです。

【入学してからの苦労】

社会と理科も得意科目で、夏休みに全国の高校の入試問題が載っている問題集を５周くらいこなしたことで、さらに自信がつきました。

一方、前期試験で合格したこともあり、国語はほかの子に比べて勉強が足りないまま入学してしまいました。授業はきちんと勉強してきている前提で進んでいくので、最初のころはついていくのが本当に大変でした。

【ノートを大胆に使う】

私が思う数学を得意になる秘訣は、とにかく問題を多く解くことと、ノートを大胆に使うことです。塾講師のアルバイトをしていて気づいたのですが、とくに女子生徒はノートをきれいに使おうとして、図や計算を小さく書いてしまいがちなんです。大きく書いた方がミスも少ないので、ノートを丸々１ページ使う気持ちで書くように、とアドバイスしています。

【受験生へのメッセージ】

私の親は「勉強しなさい」とうるさく言うタイプではなかったので、受験生だった当時は自分１人で頑張っていたつもりでした。でも、いま振り返ると、勉強道具をそろえてもらったり、塾に通わせてもらったりと、親の協力があってこその受験だったんだなと実感するので、親への感謝の気持ちを忘れずに、受験に臨んでほしいです。

渋谷教育学園幕張高等学校

〒261-0014 千葉市美浜区若葉1-3　TEL.043-271-1221(代)　http://www.shibumaku.jp/

ミステリーハンターQの
歴男歴女養成講座
春日 静
中学1年生。カバンのなかにはつねに、読みかけの歴史小説が入っている根っからの歴女。あこがれは坂本龍馬。特技は年号の暗記のための語呂合わせを作ること。好きな芸能人は福山雅治。
山本 勇
中学3年生。幼稚園のころにテレビの大河ドラマを見て、歴史にはまる。将来は大河ドラマに出たいと思っている。あこがれは織田信長。最近のマイブームは仏像鑑賞。好きな芸能人はみうらじゅん。
ミステリーハンターQ（略してMQ）
米テキサス州出身。某有名エジプト学者の弟子。1980年代より気鋭の考古学者として注目されつつあるが本名はだれも知らない。日本の歴史について探る画期的な著書『歴史を掘る』の発刊準備を進めている。

国際連合発足

国際平和を目的に1945年に発足した国際連合。安保理や常任理事国など、関連ワードもいっしょに勉強しよう。

勇 来年、2015年（平成27年）は国際連合が発足して70年になるんだってね。

MQ 国際連合とは、第二次世界大戦が終わった1945年（昭和20年）10月に発足した国際機関だね。通常は国連と略される。

静 国連はどういった経緯で作られたの？

MQ 第一次世界大戦後に、二度と悲惨な世界大戦が起こらないように国際連盟が作られたけど、第二次世界大戦を食い止めることはできなかった。そこでその反省も込めて、新たな仕組みを考えて発足したんだ。

勇 国連の目的はなんなの？

MQ 3つあって、1つ目は国際平和の維持、2つ目は各国間の友好関係の発展、3つ目は人道的な観点からの人権や自由に対する国際協力だ。

静 国際平和のためにはどんな仕組みがあるの？

MQ 安全保障理事会（安保理）を設け、戦争防止の問題はそこで話しあうことになったんだ。安保理は常任理事国5カ国と非常任理事国10カ国で構成されている。5カ国の常任理事国には拒否権があるんだ。

静 5カ国ってどこ？

MQ 第二次世界大戦の主要戦勝国であるアメリカ、イギリス、フランス、ソ連、それと中華民国だ。いま、ソ連はロシアに、中華民国は中華人民共和国となっている。

勇 常任理事国には拒否権があるっていうのはいったいどういうことなの？

MQ 安保理においてなにかを決定しようとしても、5カ国のうちの1カ国でも反対したら、決議できないという決まりのことなんだ。

静 それ以外には？

MQ 国連軍というものがあるんだ。安保理が決議すれば、国連憲章に基づき、各国が軍を出しあって、国際法に違反した国に武力で制裁を加えることができるんだ。1950年（昭和25年）の朝鮮戦争では国連軍が組織されて、北朝鮮軍と戦った。また、国連決議などによって多国籍軍を派遣することも可能だ。多国籍軍は湾岸戦争などにも出動した。

勇 日本はいつ国連に入ったの？

MQ 日本は、ソ連と国交を回復した1956年（昭和31年）に加盟した。現在、国連には193カ国が加盟していて、平和だけでなく、人権、福祉、環境、衛生、医療、文化、経済などさまざまな分野で国際協力を行っているんだよ。

文部科学省SGH指定校
スーパーグローバルハイスクール
180th
Anniversary
輝いてほしい。
キミは希望の星だから！

学校説明会　生徒・保護者対象

10月18日（土） 9:00～都外生対象　13:00～都内生対象
11月 1日（土） 13:00～都外生対象　15:00～都内生対象
11月15日（土） 9:00～都外生対象　13:00～都内生対象

個別相談会　生徒・保護者対象

10月18日（土） 10:30～都外生対象　14:30～都内生対象
11月 1日（土） 14:30～都外生対象　16:30～都内生対象
11月15日（土） 10:30～都外生対象　14:30～都内生対象
11月29日（土） 13:00～全域対象 オープンスクールも実施

公開学校行事　王子キャンパス本館

●北斗祭（文化祭）　＊両日、個別相談会を実施します。
9月20日（土）12:00～15:00・21日（日）9:00～15:00
●S・Eクラス発表会
11月29日（土） 予約制

予約制個別相談会

12月21日（日） 9:00～ 全域対象

順天高等学校

王子キャンパス（京浜東北線・南北線 王子駅・徒歩3分）
東京都北区王子本町1-17-13　TEL.03-3908-2966
新田キャンパス（体育館・武道館・研修館・メモリアルホール・グラウンド）
http://www.junten.ed.jp/

「面」の入った四字熟語

今回は「面」の入った四字熟語を調べてみよう。「面」にはおもに顔やマスクの意味と、広がりや方向を表す2つの意味がある。まずは顔やマスクの意味の方だ。

「人面獣心《じんめんじゅうしん》」は、顔は人間だけど心は獣ということで、残酷だったり、冷酷だったり、あるいは、義理や恩義を知らない人を罵《ののし》っていう言葉だ。

「八面六臂《はちめんろっぴ》」とは8つの顔と6つのヒジということ。そこから、数人分の活躍をすることをたとえていうんだ。「彼の八面六臂の活躍で、サッカーは圧勝した」なんて感じかな。「三面六《さんめんろっ》臂《ぴ》」ともいうよ。

「面従腹背《めんじゅうふくはい》」は、顔は服従しているけど、腹は背いていること。表面は賛成でも本当は反対なんだ。「先生にはハイと言って、実行しない。あいつは面従腹背だ」なんてね。

「面目一新」は顔や形を一挙に新しくすること。「お店が改装されて面目一新だ」なんて使う。

「喜色満面」や「得意満面」は喜びや得意な様子が顔に表れていることだ。「成績がトップになって、彼は得意満面だ」とかね。

では次に、広がりや方向の意味の方を見てみよう。

「四面楚歌《しめんそか》」は紀元前3世紀の中国で、項羽が漢の軍に囲まれたとき、囲んでいるなかから、項羽の故郷の楚《そ》の歌が聞こえたことから、楚の民がみな敵になったと驚いたという故事に基づく。そこから、周囲がみな敵で孤立した状況をいう。「ぼくの出した意見に全員が反対した。四面楚歌だ」って感じかな。

「四角四面」はきわめてまじめで、堅苦しいことだ。「あいつの性格は四角四面で柔軟性がない」なんて使うよ。

「反面教師」は悪い意味での見本ということ。それを見て、そうなってはいけないと思うことだ。実際の先生とは関係ないんだ。

「物心両面《ぶっしんりょうめん》」は物と心の両方ということ。経済的な援助をし、精神的なケアもしたりすると、「物心両面で彼を支えた」ということになるね。

これ以外にも「顔面蒼白《がんめんそうはく》」「天罰覿《てんばつてき》面《めん》」「効果覿面《こうかてきめん》」「面壁九年《めんぺきくねん》」「人面桃《じんめんとう》花《か》」なんていうのが有名だね。辞書をひいて意味を調べてみるとおもしろいよ。

城北

着実・勤勉・自主

城北中学校・高等学校は、儒学に裏付けされた「質実厳正」を旨とする人間形成と、社会の指導者育成のための上級学校進学に教育目標を置き、「着実・勤勉・自主」を校訓とする、中高一貫の男子校です。生徒の成長に合わせた三期体制、少人数授業、中学3年次からの選抜クラス編成、高校2年次からの文理コース分け、夏冬の講習会等を通しての勉強面の向上を図っています。一方、体験学習を重視し、各学年ごとの泊行事による自然体験や文化体験に基づく人間的成長の両立を目指しています。さらにクラブ活動も城北教育を支える大切な柱です。運動部・文化部合わせて50を超えるクラブがあり、生徒たちはクラブ活動に打ち込む中でそれぞれ自分のスタイル、自分の「居場所」を見出していきます。毎年、学年の3分の1近い生徒が「6ヵ年皆勤」で卒業している事実がそれを示していると考えます。

学校説明会	■高等学校 10月11日(土)13:30～ 11月23日(日・祝)13:30～
体育祭	9月13日(土)8:30～※雨天延期
文化祭	9月27日(土)9:00～ 28日(日)9:00～ ※文化祭では受験相談コーナーを設けてあります。 (相談コーナーは10:00～)

城北中学校・高等学校

〒174-8711 東京都板橋区東新町 2-28-1 TEL03-3956-3157 FAX03-3956-9779

ACCESS ■ 東武東上線「上板橋」南口徒歩10分 ■ 東京メトロ有楽町線・副都心線「小竹向原」徒歩20分

www.johoku.ac.jp

あたまをよくする健康

ナースであり
ママであり
いつも元気な
FUMIYOが
みなさんを
元気にします！
by FUMIYO

今月のテーマ

足の臭い

ハロー！　Fumiyoです。お風呂が気持ちいい季節になってきましたが、わが家では「お父さん、足臭い！　先にお風呂に入ってきて！」という会話が日常的に繰り広げられています。昔ながらの「お父さま、お仕事お疲れさまでした。どうぞ一番風呂にお入りください」というやりとりとはかけ離れています。

さて、「足が臭う」というと、仕事などで長時間靴を履いている人→ビジネスマンというイメージが強いですが、みなさんが部活動で履いているシューズや、寒い季節に履くことが多いブーツなども、じつは危険度が高いということを知っていますか？

足の臭いは、「汗」「角質」「細菌」「通気性」などの原因が絡みあうことによって発生します。臭いがどうやって発生するのか理解してもらうために、まず、以下の状況を頭のなかで想像してみてください。

いま、あなたは通気性の悪い革靴を履いています。学校に行く途中の電車が故障で止まってしまい、電車のエアコンも効いていません。本当だったら上履きに履き替えている時間なのに、今日はまだ革靴です。額には汗がにじんできました。持っていたハンカチですぐ拭き取ります。そのころ、靴のなかも同じように汗をかいています。靴下が頑張って汗を吸い取っていますが、その汗を靴の外に逃がすことができず、蒸れた状態が続きます。すると、角質や皮脂をえさにしている細菌がどんどん増殖していきます。雑菌がこの角質や皮脂を分解するときに、臭いを作り出しているのです。しばらくすると電車が動き始め…学校につきました！　エアコンの効いた建物に入り、ほっと一息。少しはゆとりのある上履きに履き替えましたが、足は依然として靴のなか…。

こんなことがいつかみなさんの身にも起こるかもしれません。そこで、足の臭いを防ぐにはどのようなことに気をつければいいのか、そのポイントをご紹介します。

①足を清潔にする

足を洗うには、殺菌効果のある石鹸が効果的と言われています。保湿効果のあるものは、足の裏が蒸れやすくなる原因になる可能性もあるので注意してください。

②古い角質のケア

角質が細菌のえさになることも臭いの原因なので、古い角質のケアをしましょう。お風呂にゆっくりつかり、角質をふやかしてから手でこするだけでも落とせます。

③足の蒸れを減らす

自宅では素足で過ごし、外出のときは替えの靴下を持って途中で履き替えれば、足の蒸れを軽減できます。また、指の部分が１本ずつ分かれている５本指ソックスは、指と指の間に隙間ができるのでおすすめです。

④靴を清潔に保つ

１日履いた靴は、足の汗でとても蒸れています。その靴を翌日また履いてしまうと、靴のなかはずっとジメジメ状態に…。できれば２足以上の靴を日替わりで履きましょう。

このように、毎日少しずつ心がけることで、足の臭いを抑えることができるんですよ。足元を快適にすれば、勉強もきっとはかどるはず。さあ、さっそく今日から試してみましょう！

Q1

足の裏は１日にどのくらいの汗をかくでしょう？

①コップ半分ほど　②コップ１杯ほど　③コップ2杯ほど

正解は、②のコップ１杯ほどです。

足の裏には汗腺であるエクリン腺がたくさんあります。背中の汗腺の数と比べると、足の裏には背中の５倍もの汗腺があるとか。

Q2

足の臭いを抑えるのに効果のないものはどれでしょうか？

①サラダ油　②酢　③ミョウバン

正解は、①のサラダ油です。

酢には殺菌力があります。ミョウバンは、水に溶かしてミョウバン水として使用すると殺菌効果があると言われています。

先生と生徒の鼓動が響きあう、
木もれ日の学園

東京立正の説明会日程

10月 5 日(日) 10:00～ 説明会 in 学園祭

10月25日(土) 14:00～ 部活動紹介、制服ファッションショー

11月 8 日(土) 14:00～ 生徒・保護者による学校案内

11月22日(土) 14:00～ 面接対策&個別相談

11月29日(土) 14:00～ 一般入試対策&個別相談

12月 6 日(土) 14:00～ 入試総まとめ&個別相談

12月13日(土) 15:00～ 高校入試個別相談会

紫苑祭（学園祭）

10月 4 日(土) 12:30～16:00

10月 5 日(日) 9:00～16:00

合唱コンクール

11月22日(土)
(ご希望の方はご連絡下さい)

学校法人　堀之内学園

東京立正高等学校

〒166-0013　東京都杉並区堀ノ内2-41-15
TEL　03-3312-1111　FAX　03-3312-1620
e-mail　tokyorissho@msd.biglobe.ne.jp
HP　http://www.tokyorissho.ed.jp/

SUCCESS NEWS

サクニュー!! ニュースを入手しろ!!

産経新聞編集委員
大野 敏明

◀PHOTO
パレスチナ自治区ガザで、イスラエル軍の空爆で破壊された自宅の前で立ち尽くす男性（2014年8月8日パレスチナ自治区ガザ）写真：AFP＝時事

今月のキーワード

パレスチナ問題

イスラエルとパレスチナによる紛争の出口が見えません。

今回の紛争は、6月にパレスチナ人居住区であるヨルダン川西岸で、ユダヤ人少年３人が拉致されて殺されたことに端を発しました。イスラエル警察はパレスチナのイスラム過激派ハマスの犯行と断定し、約500人を逮捕して取り調べましたが、犯人は特定されていません。

これに対し、7月にはパレスチナ人少年が拉致されて殺されるという事件が起こり、イスラエル側の報復とみられています。このため、ハマスはイスラエル側にロケット弾を発射、これに対し、イスラエル軍が軍事行動に踏みきったのです。

当初はパレスチナ人居住区であるガザ地区への空爆だけでしたが、その後、戦車を含む地上軍を投入、８月中旬現在、パレスチナ側の死者は2000人を超えています。死者の多くは子どもを含む民間人で、国際社会はイスラエルを非難しています。

イスラエルは、ハマスが地下トンネルを掘って、イスラエル側にテロを仕かけているとして、トンネルの破壊を行いましたが、ハマス側は、経済封鎖の解除と境界の壁の撤去を求めていて、主張は平行線をたどっています。この間、何回か停戦交渉が行われましたが、その都度破られ、紛争は泥沼化しています。

この地域は、2000年前まではユダヤ人が住んでいましたが、その後、ユダヤ人は故郷を追われました。しかし、第二次大戦後、世界のユダヤ人が先祖の地であるパレスチナにイスラエルという国家を建設、昔から住んでいたパレスチナ人との間で紛争が起きました。ユダヤ人はユダヤ教を信じ、パレスチナ人はイスラム教を信仰していることもあって、双方は妥協せず、互いに相手を非難し、厳しい対立が続いています。

1948年（昭和23年）のイスラエル建国以降、イスラエルに反対し、パレスチナを援助する周辺のイスラム諸国がイスラエルと4回にわたる戦争を行いましたが、ことごとくイスラエル側が勝利、その結果として、ヨルダン川西岸とガザ地区まで占領しました。しかし、その後、この２地区はパレスチナ側に返還されましたが、イスラエルはハマスのテロを防ぐためとして、境界線に沿って高い塀をめぐらせたり、経済封鎖をするなどしたため、ハマスのテロ攻撃が激化していました。

今回の紛争もこの延長線上にあるわけですが、どうにも解決の方法が見つかりません。

今春の大学合格実績

国公立大学	東京工業・電気通信・埼玉・首都大東京・東京海洋
早慶上理	早稲田2・上智・東京理科4
GMARCH	学習院・明治4・青山学院7・立教・中央4・法政13
成・成・明・学・武・獨・國	成城9・成蹊10・明治学院6・武蔵6・獨協10 國學院6
日東駒専	日本41・東洋30・駒澤12・専修7

一人ひとりが希望の進路をかなえています

特別進学類型	東京工業、埼玉、電気通信、早稲田、学習院、明治、青山学院、法政、成蹊、獨協、東京慈恵医科、津田塾、日本女子など 【現役合格率】 **89.6%** 【大学進学率】 **83.6%**
選抜進学類型	東京海洋、早稲田、法政、成城、明治学院、獨協、國學院、日本、東洋、駒澤、専修、北里、芝浦工業、東京女子など 【現役合格率】 **97.0%** 【大学進学率】 **88.1%**
普通進学類型	青山学院、明治学院、獨協、國學院、日本、東洋、駒澤、東京電機、工学院、大東文化、亜細亜、帝京、国士舘、白百合女子など 【大学進学希望者の現役合格率】 **96.9%** 【大学進学希望者の大学進学率】 **93.9%**

学校説明会・個別相談

	① 校舎・施設見学	② 全体会開始
10月 5 日〔日〕	①14:00	②14:30
10月25日〔土〕	①14:00	②14:30
10月26日〔日〕	①14:00	②14:30
11月 1 日〔土〕	①14:00	②14:30
11月 8 日〔土〕	① 9:30	②10:00
11月15日〔土〕	①14:00	②14:30
11月22日〔土〕	①14:00	②14:30
11月29日〔土〕	①14:00	②14:30

※全体会終了後、希望制で個別相談を行います　※事前の予約は必要ありません

豊昭祭（文化祭）

9月20日〔土〕 9月21日〔日〕 10:00～

TOSHIMA GAKUIN

学校法人 豊昭学園

豊島学院高等学校

併設/東京交通短期大学・昭和鉄道高等学校

特別進学類型　選抜進学類型　普通進学類型

〒170-0011 東京都豊島区池袋本町2-10-1 TEL.03-3988-5511（代表）
最寄駅：池袋／JR・西武池袋線・丸ノ内線・有楽町線 徒歩15分 副都心線 C6出口 徒歩12分
北池袋／東武東上線 徒歩7分　板橋区役所前／都営三田線 徒歩15分

http://www.hosho.ac.jp/toshima.htm

今月の1冊

サクセス書評

10月号

『憲法主義　条文には書かれていない本質』

アイドルといっしょに憲法について学んでみよう！

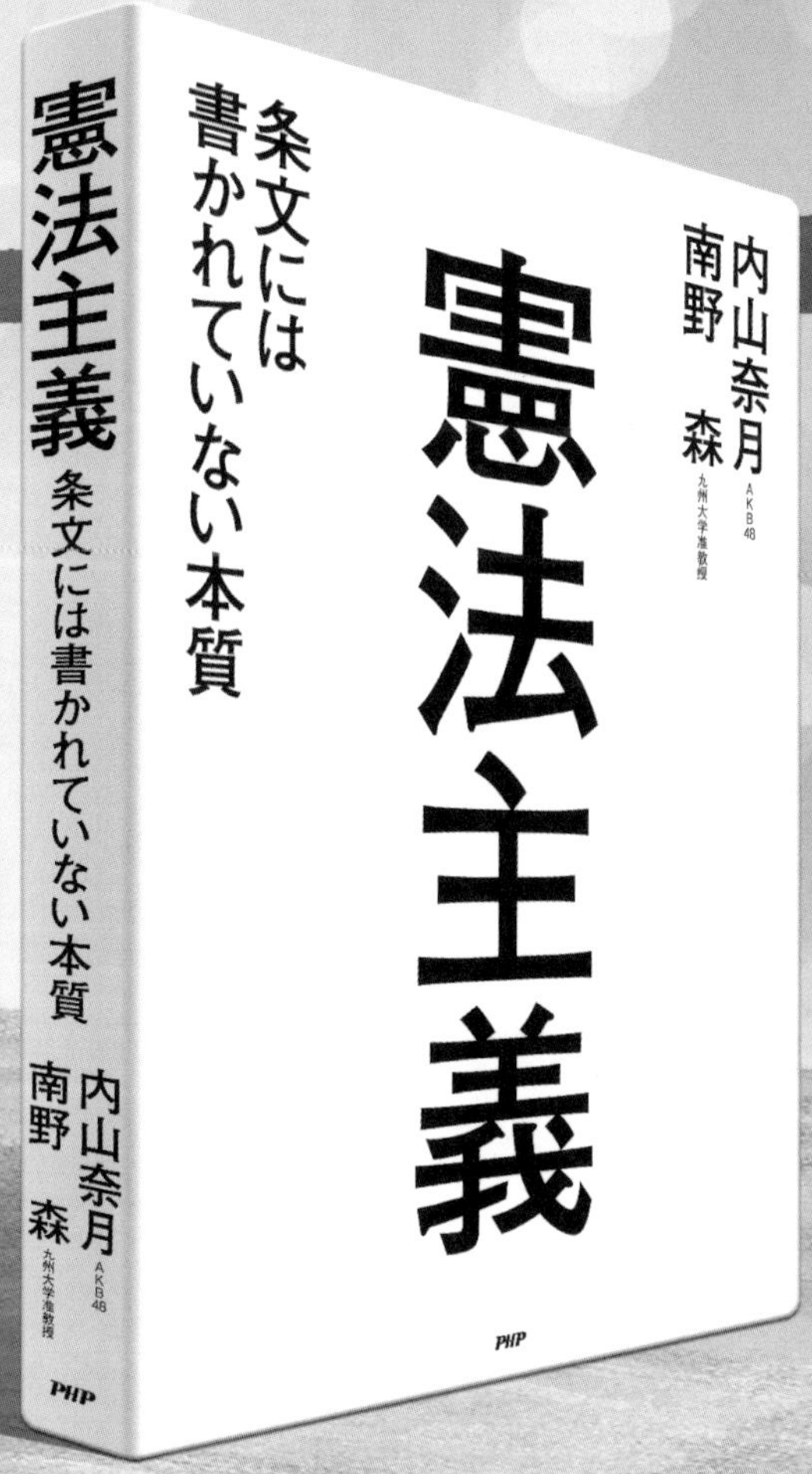

◆**『憲法主義**
条文には書かれていない本質』

著／内山 奈月、南野 森
刊行／PHP研究所
価格／1200円＋税

社会の授業で必ず習う「日本国憲法」（以下、憲法）。条文を覚えたり、その成り立ちについて、みんなも勉強したことがあるよね。

こうした勉強のとき以外に、普段の生活のなかで憲法をとくに意識することはない人が多いんじゃないかな。でも最近は、「特定秘密の保護に関する法律」（通称「特定秘密保護法」）の制定や、集団的自衛権の行使にかかわる問題などで新聞やニュース番組には憲法の話がよく出てくるので、耳にする人も多いのではないだろうか。時事問題として、来年の入試に出題される可能性もあるね。

憲法は、なんとなく大切なんだろうな、とは思っていても、内容が難しそうだから、あまりきちんと調べたことがあるという人は少ないかもしれない。

そんな憲法について、大切な部分をわかりやすく解説しているのが『憲法主義』だ。本の名前だけを見るととても堅そうだよね。解説をしている南野森さんも九州大の准教授で、ますます難しそう。

でも、この本の変わっているところは、ただ大学の先生が憲法について説明するだけではなくて、アイドルグループ「AKB48」の一員である内山奈月さんに講義をする形で話が進められていく点だ。

この内山さん、コンサートで憲法の第48条と100条を暗唱したという人で、今春からは慶應義塾大に通っているとのこと。ときどき、南野准教授もビックリするような知識を持っている。

もちろん、この本のなかで憲法の103条すべてについて触れられているわけではないけれども、彼女に南野准教授が講義しながら「憲法とはなんだろう」という基本的な部分からわかりやすく解説していく。

これを読んでいくことで、憲法と法律はなにが違うのか、人権とはなにか、ということから、「アイドルの恋愛禁止は憲法違反か」なんてことまで説明されていて、「授業で習うから」覚えていただけだったかもしれない憲法が、もう少し身近に感じられるようになるかもしれないよ。

スポーツ選手の実話

42 ～世界を変えた男～

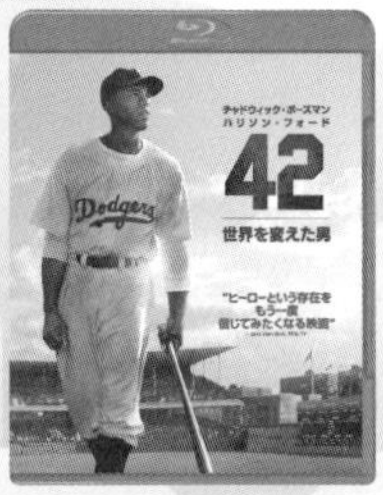

2013年／アメリカ
監督:ブライアン・ヘルゲランド

『42～世界を変えた男～』
Blu-ray発売中
2,381円＋税
発売元:ワーナーホームビデオ

アメリカを変えたベースボール

第二次世界大戦後、アメリカでは当時まだ、黒人への人種差別がひどく、なにをするにも白人と黒人の間に大きな壁がありました。そんな社会の風向きを変える1つの役割を果たしたのが、野球です。

1947年、ブルックリン・ドジャースのゼネラル・マネージャーであるブランチ・リッキーは、白人選手しかいなかったメジャーリーグに黒人を迎え入れるという一大決心をします。その選手がジャッキー・ロビンソンです。彼はベースボール界を、そしてアメリカの社会を変えるために、どんな心ない差別にも耐え忍ぶという約束を交わしました。

敵チームはおろか、味方チームからも冷たい仕打ちを受けるジャッキーの姿は見ていてつらく、人種差別について改めて考えさせられます。しかし、差別に必死に耐え、プレーを続けるジャッキーの姿に胸を打たれます。

野球という1つのスポーツが持つ力、人が持っている強さに触れられる作品です。映画タイトルの「42」とはジャッキーの背番号のこと。この番号はメジャーリーグ全球団の永久欠番です。

ソウル・サーファー

2011年／アメリカ
監督:ショーン・マクナマラ

『ソウル・サーファー』
Blu-ray発売中
2,381円＋税
発売元:ウォルト・ディズニー・スタジオ・ジャパン

片腕を失ったサーファー

もし不慮の事故で、身体の自由が突然奪われてしまったら、どうなってしまうでしょうか。本作は、ハワイでサーフィンの練習中にサメに襲われて片腕を失いながらも、力強く立ち直ったベサニー・ハミルトンという少女の生きざまを描いています。

プロサーファーとして将来を有望視されていたベサニーが片腕を失ったのは13歳のときでした。命は助かったものの、これまでの生活とは一変。服を着ること、買い物をすること、大好きなサーフィンも片手では難しくなってしまいました。

しかし、彼女はサーフィンへの情熱を忘れることができず、再び海へと戻ります。大変な事故にあっても以前と変わらず明るいベサニーと、そんな彼女を見守り支える家族と友人に心が温まります。

ベサニー自らがスタントを務めた力強く美しいサーフィン姿はとても感動的であり、大会シーンは迫力満点です。

不幸に見舞われながらも、プロサーファーになるという夢を諦めない彼女の姿は見るものに勇気と希望を与えてくれます。

ルディ

1993年／アメリカ
監督:デビッド・アンスポー

『ルディ』
DVD発売中
1,410円＋税
発売・販売元:㈱ソニー・ピクチャーズ エンタテインメント

夢をみることのすばらしさ

みなさんの夢はなんですか。この物語の主人公ルディは、アメリカンフットボールの名門・ノートルダム大学のチームでプレーすることを夢みていました。

しかし、高校を卒業したルディは、その夢をかなえることなく、兄や父親と同じ工場で働きます。そんなルディが、あるきっかけから夢に向かって再挑戦することを心に誓うのです。

経済力もなく、身長160㎝、体重55kgとアメフトをするには小柄すぎる体格、名門大学に入る学力も足りないルディの挑戦は、決して簡単なものではありませんでした。

それでもひたすら夢に向って努力するルディ、その姿は輝いています。そんなガッツあふれる彼の姿に、人生は自分の手で切り拓かなければならないこと、夢をみることのすばらしさを学びます。夢は自分がいまなにができるかで決めるのではなく、夢に向かって努力することが大切なのだと教えられます。

ルディは夢をかなえることができるのでしょうか。ぜひ映画を見て確かめてください。

なんとなく得した気分になる話

生徒　先生

身の回りにある、知っていると
勉強の役に立つかもしれない知識をお届け!!

トラウマ

そろそろ秋も近づくころだ。やはり運動の秋だね。

ぼくは芸術の秋だなあ。

キミ芸術に興味あるの？

ちょっとね。

なにかやってたっけ？

美術館とか行くよ。

えっ、そうなの？　キミ絵心あるんだ。すごいね。

先生は美術館には行かないの？

行かないわけではないけど…。先生は絵が下手でね。

絵の上手下手なんて関係ないよ。絵が好きか嫌いかだけだよ。

キミ、いいこと言うじゃないか。

まあね。

先生は子どものころからのトラウマがあってね…。

トラウマ？

そう、小学１年生のときの図工の時間に「お友だちの顔を描きましょう」というお題があったんだよ。そのとき、その子の顔を描くんだけど…。

顔にヒゲとか描いてイタズラしたとか？

いや、イタズラ書きならまだいい。耳もなければ鼻もない、さらに眉毛もない。簡単に言えば描き足りなかったわけだ。

それでその友だちが怒った？

いや、「ぼくの顔じゃない！」と泣き出す始末。いま思い出しても、悪いことしたなあという気持ちだよ。

だからトラウマなんだね。ところで先生、よく聞く言葉だけど、トラウマってなに？

虎と馬の関係だよ。

ウソでしょ！　からかわないで教えてよ。

ごめんごめん。でも、キミ、いまトラウマって使っていたじゃないか？

ごめんなさい。ノリで。

トラウマはギリシャ語で「傷」という意味らしいんだ。これを心理学者のフロイトが過去の心理的な傷がその後の精神的障害をもたらすことがあると『精神分析入門』という書で発表したのが始まりらしい。要するに過去の出来事がフラッシュバックする感じだ。昔できなかったから、いまもできないと思い込むことに似ている。

なるほどね。確かにそうだよ。昔できないことはいまもできないと思う。

だから、先生は絵を描くことには抵抗さえあるんだよ。恥ずかしいというか見られたくないというか…。

でもさ、美術館に行くのはいいんじゃない？　世の中ですばらしいと言われている絵を見るだけなんだからさ。もちろん、先生の絵が展示されているのなら話は別だけど。

冗談を言うな！　私の絵が飾られた日には、心臓が飛び出る恥ずかしさだ。

大丈夫。そんなことあり得ないから（笑）。

今日はキミを見ているだけでも落ち着かない。今日はもう帰るよ。

ほんと、重症だね。でも、そんなに早く帰ってどうするの？

大人の絵画教室に行くんだよ。

トラウマじゃないの？

絵画教室は別だ。

なんで？

絵画教室の先生、キレイな女性なんだよ。

あきれたなあ…。今度はキレイな女性がトラウマになるよ。

余計なお世話だ（怒）。

世界の星を育てます

エクストラスタディで応用力養成・弱点克服します。
また、英語の多読多聴を導入し英語の力を伸ばしています。

学校説明会 ※予約不要

第2回 **10月18日(土)**
14:00～
[明星の国際教育]

第3回 **11月15日(土)**
14:00～
[生徒が作る説明会]

第4回 **11月22日(土)**
14:00～
[卒業生ディスカッション]

第5回 **11月30日(日)**
10:00～
[入試対策・個別相談会]

第6回 **12月 6 日(土)**
14:00～
[個別相談会]

明星祭／受験相談室

9月27日(土)・28日(日)
9:00～15:00
※予約不要

学校見学

月～金曜日 9:00～16:00
土曜日 9:00～14:00

※日曜・祝日はお休みです。
※事前にご予約のうえご来校ください。

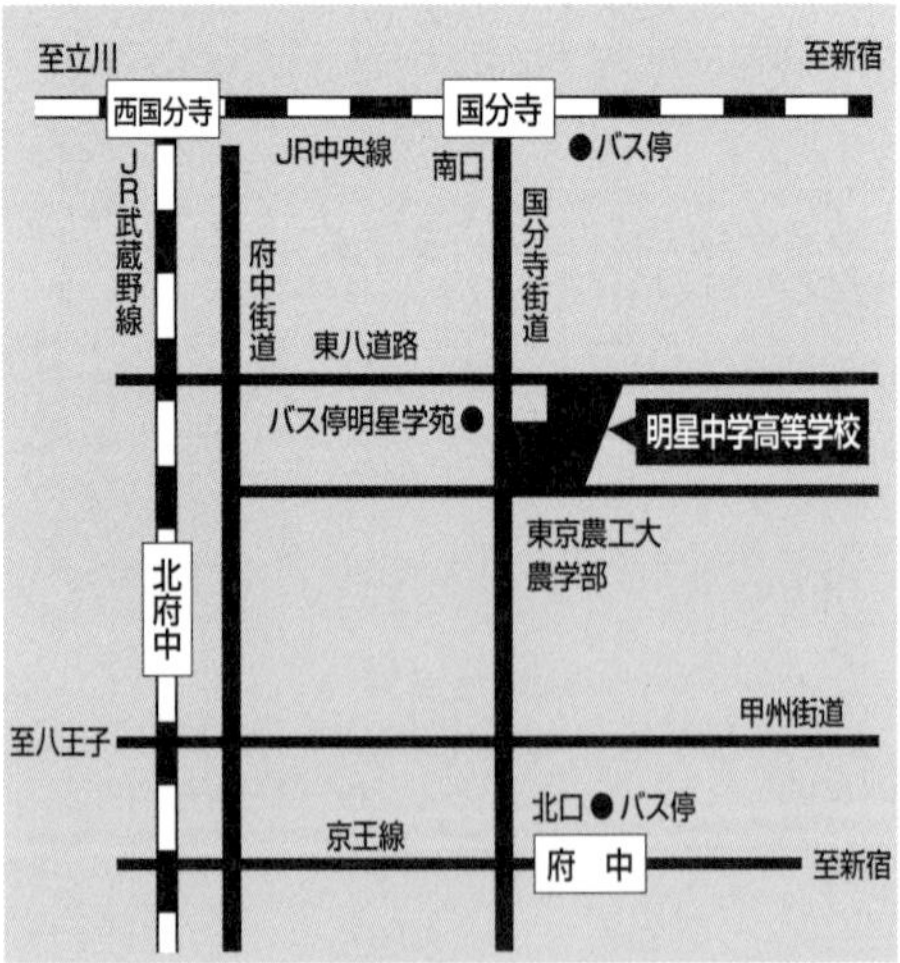

ご予約、お問い合わせは入学広報室まで TEL.FAX.メールで どうぞ

明星高等学校

MEISEI

〒183-8531 東京都府中市栄町１－１ 入学広報室
TEL 042-368-5201(直通) FAX 042-368-5872(直通)
(ホームページ) http://www.meisei.ac.jp/hs/
(E-mail) pass@pr.meisei.ac.jp

交通／京王線「府中駅」
ＪＲ中央線／西武線「国分寺駅」 より徒歩約２０分 またはバス(両駅とも２番乗場)約７分「明星学苑」下車
ＪＲ武蔵野線「北府中駅」より徒歩約15分

高校受験 ここが知りたい Q&A

Q 社会、とくに歴史が苦手です。克服法を教えてください。

公立高校受験を考えている社会が苦手な中学2年生です。中1で習った地理分野は、まだなんとかなる気がしますが、中2からの歴史がとくに苦手で、学校の定期テストのたびに必死で暗記して、その場しのぎの勉強をしています。克服法はありますか。

(東京都・江戸川区・SU)

A 知識のみを頭に入れるのではなく時代の流れにも注目しましょう。

社会科は、地理・歴史・公民の3分野に大別されます。なかでも歴史分野は、どちらかといえば得点差がつきやすい分野かもしれません。ご質問者は、学校の定期テストに向けて自分なりに努力されているようです。それはとても大切なことですが、歴史に限らず、社会科を暗記科目だととらえて、ひたすら覚えることだけに注力することは得策とは言えないでしょう。

確かに一定の知識を習得していなければ解答に到達できない科目ですが、決して平板的な知識のみが要求されるわけではないので、歴史的事実の背後にある時代の流れや、社会情勢といった部分を押さえていくことが必要です。「何年になにが起きた」と丸ごと暗記することが学習のすべてではなく、「どうしてその出来事が起きたのか」を考えながら、その前後の出来事との関連を押さえていきましょう。

そのためには、日ごろの学校や塾の授業を重視することが、遠回りのようで最も有効で力のつく学習法だと思います。授業では、必ず歴史的背景や時代状況についての説明があるはずです。そうした部分を意識して聞き取り、ポイントをメモするようにしてみてください。板書された事項のみをノートに写すのではなく、授業における説明を自分の言葉で要約してメモしてみましょう。すると、いつの間にか歴史がおもしろく感じられるようになるはずです。

早稲田摂陵高等学校

Waseda-Setsuryo High School

平成27年度
入試説明会

開催場所：早大キャンパス

10月13日(月・祝)

音楽隊、ウィンドバンドを経て受け継がれる、
50年余の伝統とサウンド

普通科吹奏楽コース

早稲田大学推薦入学枠40名程度

国公立大学や関関同立をはじめとする難関私立大学を志望する生徒に対しても、きめ細やかで手厚い指導を実践しています。

学園敷地内に生徒寮完備

学園敷地内に生徒寮(OSAKA WASEDA HOUSE 新清和寮)を完備。全国より生徒を募り、早稲田大学を希望する生徒の拠点としての役割を果たします。

早稲田摂陵を覗いてみよう

早稲田大学系属

早稲田摂陵高等学校

ホームページ ▸ 早稲田摂陵 検索

〒567-0051大阪府茨木市宿久庄7-20-1
TEL.072(643)6363(代表)　072(640)5570(生徒募集室)
FAX.072(640)5571(生徒募集室)

大阪モノレール「彩都西」駅より徒歩15分

Success Ranking

志願したい大学ランキング

関東在住の高校生4672人に聞いた「志願したい大学」のランキングを紹介するよ。１位には６年連続で明治大が選ばれた。文系と理系でかなり違いがあるのもおもしろいね。

全体

順位	大学名	区分	志願度（%）
1	**明治大**	**私立**	**13.1**
2	早稲田大	私立	12.3
3	青山学院大	私立	8.5
4	日本大	私立	8.0
5	立教大	私立	7.9
6	法政大	私立	6.7
7	慶應義塾大	私立	6.4
8	中央大	私立	5.2
9	上智大	私立	4.8
9	東洋大	私立	4.8
11	千葉大	国立	4.3
12	東京理科大	私立	3.6
13	首都大東京	公立	3.4
14	横浜国立大	国立	2.9
15	埼玉大	国立	2.8
16	駒澤大	私立	2.7
17	専修大	私立	2.6
17	筑波大	国立	2.6
19	東京大	国立	2.5
20	東京農業大	私立	2.4

文系

順位	大学名	区分	志願度（%）
1	**明治大**	**私立**	**15.8**
2	早稲田大	私立	15.5
3	立教大	私立	12.9
4	青山学院大	私立	12.5
5	法政大	私立	9.2
6	慶應義塾大	私立	7.3
6	上智大	私立	7.3
6	東洋大	私立	7.3
9	日本大	私立	6.5
10	中央大	私立	6.1
11	専修大	私立	4.3
12	駒澤大	私立	3.8
13	成蹊大	私立	3.6
14	明治学院大	私立	3.3
15	國學院大	私立	2.9
16	神奈川大	私立	2.8
17	学習院大	私立	2.7
18	千葉大	国立	2.6
19	埼玉大	国立	2.4
19	首都大東京	公立	2.4
19	一橋大	国立	2.4

理系

順位	大学名	区分	志願度（%）
1	**明治大**	**私立**	**11.2**
2	日本大	私立	9.9
3	早稲田大	私立	9.2
4	東京理科大	私立	8.6
5	千葉大	国立	7.4
6	慶應義塾大	私立	6.0
7	首都大東京	公立	5.3
8	中央大	私立	5.1
9	芝浦工業大	私立	5.0
10	東京工業大	国立	4.9
11	北里大	私立	4.8
11	東京農業大	私立	4.8
13	筑波大	国立	4.4
14	法政大	私立	4.2
15	横浜国立大	国立	4.0
16	埼玉大	国立	3.6
16	東京大	国立	3.6
18	青山学院大	私立	3.5
19	群馬大	国立	3.2
19	東京農工大	国立	3.2

「進学ブランド力調査2014」リクルート進学総研調べ

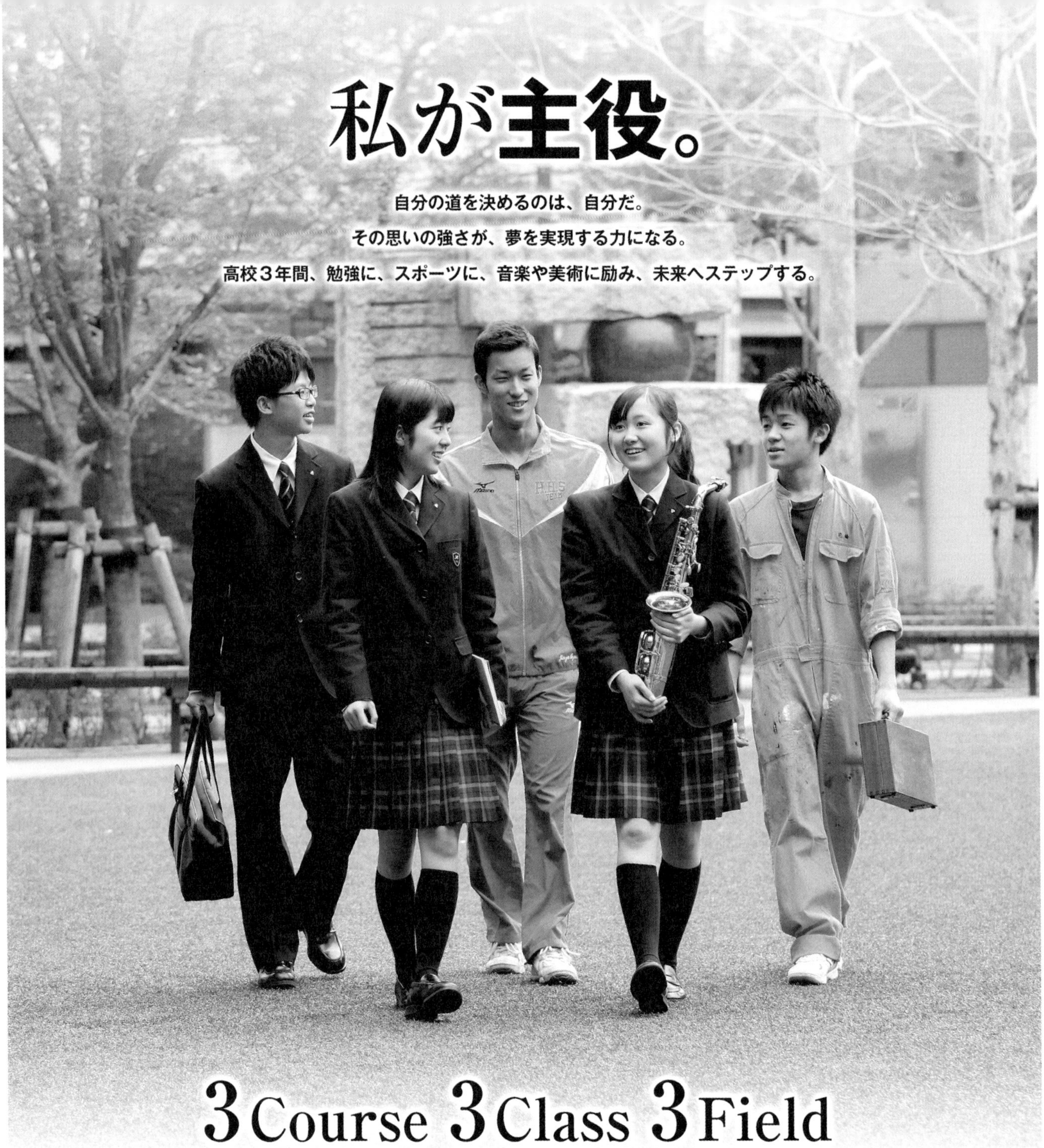

■文理特進コース ■進学コース［文理選抜クラス・文理進学クラス・総合進学クラス（進学系／音楽系／美術系）］■アスリートコース

学園祭開催 9/27（土）・9/28（日）

●学校説明会は本校HPにて完全予約制です。 ●詳しい学校紹介はHP又は学校案内をご覧ください。

八王子学園
八王子高等学校
Hachioji Senior High School

〒193-0931 東京都八王子市台町 4-35-1 Tel.042-623-3461（代）

http://www.hachioji.ed.jp

E-mail info@hachioji.ed.jp

JR 中央線［西八王子駅］から徒歩５分

［過去10年の大学合格実績］

※平成 26 年 5 月 10 日現在の合格実績です。

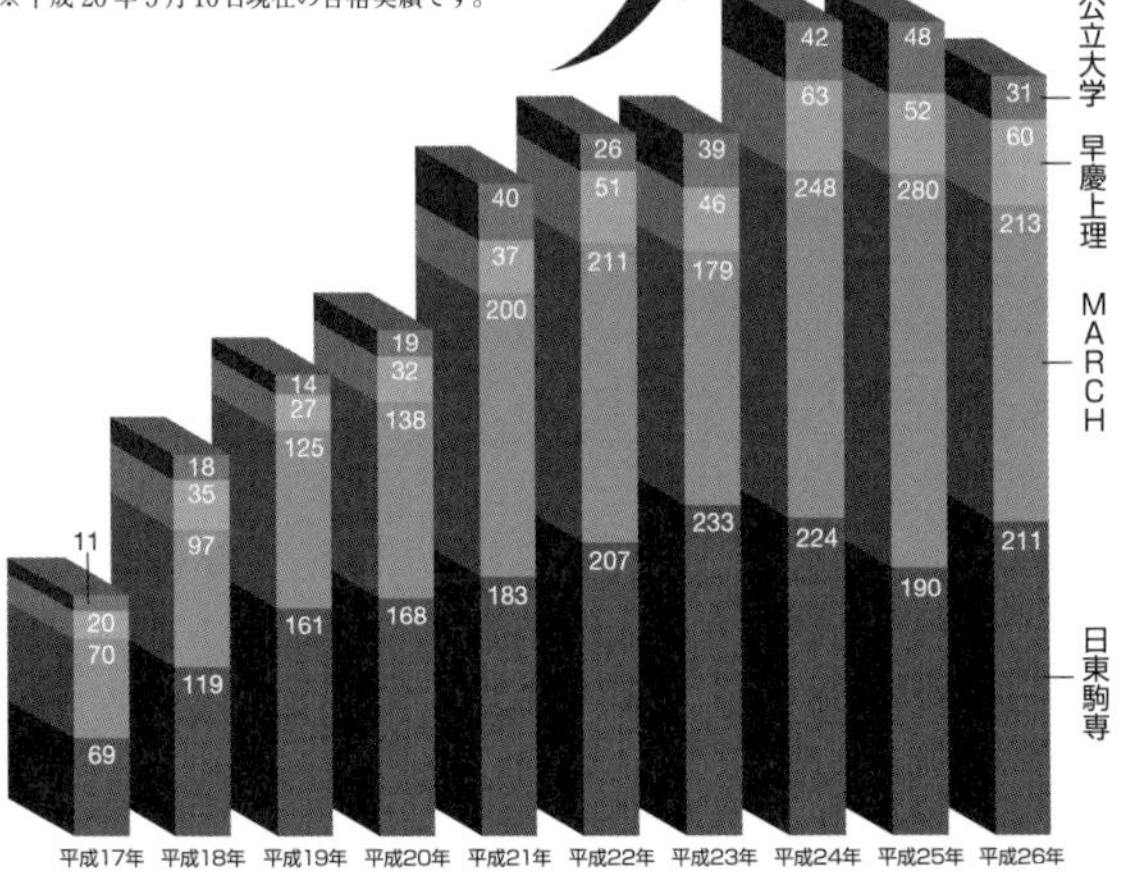

15歳の考現学

到達度評価試験に変わる大学入試の趣旨とは
かけ離れている現在の高校入試

私立高校受験

私立校入試
これからのスケジュール

公立高校受検

首都3県で難関大の
合格率を伸ばしたのは

高校入試の基礎知識

知って得する
偏差値の仕組みと特徴

受験情報

東京都立

入試解答にマークシート導入

東京都教育委員会は、都立高校入試の解答にマークシートを導入する。来春入試から一部の学校で試験的に導入する方向で、有識者らの調査委員会に提案した。

全国の公立高入試でマークシートの導入は初めてとなる。試験では記号選択式と記述式を併用し、マークシートは記号選択式に導入する。効果を検証し2016年度入試からの全校導入を検討する。

また、全国に比べて短いと指摘されていた採点日数も見直し、試験から合格発表までの日数を従来の「中3日」から1日増やし「中4日」とする考えも示した。これまでは「採点当日も授業実施」を基本としていたが、4日のうち2日は生徒を自宅学習とし、採点・点検に専念できるよう提案した。

神奈川公立

公立高のすべてがわかる冊子を発売

神奈川県教育委員会は7月、公立高校への進学をめざす中学生を対象とした、県内公立高校の特色を紹介した冊子『輝けきみの明日―行きたい・知りたい公立高校―平成27年度入学生にむけて』を発行した。

横浜市、川崎市、横須賀市の市立も含め、県内の公立高校158校のプロフィールが網羅されている。A４判、約420ページ。

定価は800円（税込）で神奈川県庁新庁舎地下売店、神奈川県厚生福利新興会などで頒布される。

郵送を希望する場合は別に360円（1冊の場合）を加えて、〒231-8320 横浜市中区山下町１　神奈川県厚生福利新興会あてに現金書留を送る。

15歳の考現学

到達度評価試験に変わる大学入試の趣旨とは かけ離れている現在の高校入試

神奈川私立の入試で 簡便な「書類選考」が人気

高校受験とは、「どの高校で学ぶか」を選択することですが、一方で、受験である以上、「合格させてくれるかどうか」も問われます。どちらも大切で、一方だけとはなりません。

さて、神奈川でかなり一般的になった入試の仕方に書類選考というものがあります。書類をそろえて出願すれば、合否結果が通知される、というきわめて簡便な選抜方法で、いわば就職時のエントリーシートに大学の成績をつけたようなものですね。しかし、就職と違って、面接もないので、さらに簡便と言えます。

これが神奈川の私立高校で大流行しているというのは、文字通り簡便だからでしょう。専願と併願くらいはある学校もあるようですが、その学校の入学基準に沿ってさえいればパスということですから、合否の見通しもつけやすいでしょう。

定数をオーバーする場合は、中学での学内成績が一定以上なら自己PR文での勝負になりますし、学内成績も基準より大幅に高ければ、それはアドバンテージにもなるでしょう。

でも、定数枠内の応募であれば申請すれば合格ということもあるわけです。学内成績は絶対評価ですから、学校間の絶対評価基準は違って当然なので、その点の不公平がある、といえばあります。

しかし、合格させてくれるかどうかという点についてはこのやり方は、きわめて簡便ですから、かなりの見通しをもって受験を行うことができます。

とすれば、その学校を選ぶかどうか、なぜ選ぶのか、ということがどうしても大きな問題になります。

「堀川の奇跡」を活かせる 到達度評価の高校入試を

さて、高校人気のエポックメーキングな話として「堀川の奇跡」というものがあります。

京都の堀川高校が高1から専門的な勉強をすることによって、京都大をはじめとする難関大学への進学率が急上昇した、というものです。当然ですが、堀川高校は全国的な有名校になり、人気校になりました。

このようになにを学ぶのかがわかっていて、その出口にも見えるよう

森上《もりがみ》 展安《のぶやす》

森上教育研究所所長。1953年、岡山県生まれ。早稲田大学卒業。進学塾経営などを経て、1987年に「森上教育研究所」を設立。「受験」をキーワードに幅広く教育問題をあつかう。近著に『教育時論』（英潮社）や『入りやすくてお得な学校』『中学受験図鑑』（ともにダイヤモンド社）などがある。教育相談、講演会を実施。HP:http://www.morigami.co.jp。Email:morigami@pp.iij4u.or.jp

なら、選びやすいですね。

高校の学習内容は学習指導要領で決まっていて、「公立なら違いはない」というような発想からすると、この堀川高校の実践は飛び抜けています。大学でなにを学ぶか、というターゲットを明確にして高校の学習戦略を決めている、という点で、そんじょそこらの高校とはまったく違います。

もし、すべての高校が、ということでなくとも、また、私立高校だけでもよいのでこうしたなにをどのように学ぶか、その結果、こうした進路を選択するよというようなメッセージが明解で、また、受験先がそのうえで、「書類選考」となれば、中学の段階から、どの学校にしようか、と学校選びが楽しくなるでしょう。

一方で、こうしたやり方で失われるものはないかどうか。少なくとも受験圧力はなくなり、ストレスもなく、いわば高校受験という言葉さえふさわしくないようなことになるのではないか、と思います。

そこでは、数学や理科あるいは国語にしても、学校の勉強中心にまじめにやりさえすればおそらく、とくに問題はないはずです。塾などもヘビーなものでなく、すべてライトなものになるはずです。

ここで失われるとすれば、「難しい問題に接する機会」ということでしょう。

問題は易しいものだけではつまらない。ちょっと考えたくなる問題があるからこそおもしろくなるものです。

そうした契機は、これまでは入試問題に挑戦することで得られていたのですが、これがなくなれば別の場を与えられる必要があります。

それに代わるものは数学オリンピックのような教科オリンピックよりは参加しやすいレベルのもの、と思います。といっても実際にはそんなものはないのですから、あるといいな、ということではありますが。

以上の話は、あくまで現状肯定から出発した議論で、1つ重大な疑問はぬぐえません。

すなわちその書類に示される学力評価そのものです。

それは、すでに指摘したように絶対評価の不確かさの問題です。

ここでは大学入試でも議論されたように、英語はＴＯＥＦＬのような外部テストの評価を利用することが有用ではないでしょうか。

しかし、国語や数学、社会、理科などの教科にそういうテストがあるか、というと、まだまだ流通しているものは少ないといえます。

例えば学校内でよく用いられるものにベネッセのスタディサポートというテストがあります。学力診断テストとして広く学校現場で利用されています。

このようなテストで学力評価がなされれば、それはかなり共通基準の絶対評価といえるでしょう。

もう少しいえば「〜ができるようになる」というcan do listで、学力レベルが評価できるのがイギリスなどの考え方であり、これは、大学入試改革にもつながるものです。

そうした評価であれば基準は明確になり、共通の学力水準を認定できます。

しかし、いまのままの相対評価のような絶対評価では、限りなく甘い評価基準で評価することにしかならないでしょう。

私たちには過去数十年にわたる教科教育のテストの蓄積があります。

これをしかるべき大系のもとに、can do list に置き直して、絶対評価基準を作ることはそうできないことではないはずです。

しかし、この評価基準は、入試のためというより、高校教育を受けるために必要な学力というべきです。

したがってそれはグレードがあって、このグレードの認定は各高校が設けるべきでしょう。

神奈川での書類選考入試の流行は、それ自体よいとも悪いともいうことはありませんが、いまの形のまま進むことは学力の空洞化を生みかねません。

神奈川の私立高校入試に限った話ではなく、じつは、高校入試全体とこの話はかかわってきます。

というのも内申点はとくに東京においては事実上の相対評価と同じですから、求めるべきあり方としての評価方法から遠いところにあります。大学入試が到達度評価になるのですから、高校入試もそうあってほしいところです。

しかし、これまでは何度かのチャンスがありながら、高校入試の絶対評価による選抜は事実上、行われてきませんでした。

「堀川の奇跡」のように高1から大学の内容をやる。これは高校受験から一定の学力レベルを求めることと同義のはずです。であれば、その高校入試もＴＯＥＦＬ○点のように到達度にすべきでしょう。

私立校入試これからのスケジュール

中学3年生のみなさんは、受験まで「あと100日」が迫ってきました。しかし、焦ることはありません。あと100日もあるのです。そこで今回は、残された期間に受験勉強以外にやっておかなければならないことについて、そのスケジュールを示しながら考えてみます。

中3夏休み以降の受験スケジュール

高校入試では、学校説明会や体験入学に行き、入試要項などの学校情報を集めるのが、おもに2学期です。また、これと並行して中学校での三者面談（受験生、保護者、学校の先生）があり、ここでの相談で最終的に志望校を決めます。また、模擬試験も数回受験します。

これからの受験スケジュールは、公立高校の日程部分が自治体によって多少異なりますが、次のようになります。

●受験までのスケジュール

9月～11月　各高校の学校説明会・体験入学
10月～　入試要項（生徒募集要項）配付
11月下旬～　公立中学校2学期末試験
中学校での三者面談
12月中旬～　私立高校入試相談
1月中旬　公立中学校学年末試験
1月　私立高校推薦入試
1月～2月　私立高校一般入試
2月　国立高校一般入試
2月　公立高校推薦入試
2月～3月　公立高校一般入試

9月・10月

●受験校を決める

中学3年生のみなさんは、第1志望校、併願校ともに9月のうちには受験する学校の腹づもりを決めましょう。

9月からは模擬試験も行われます。受験校が決まっていなければ、模擬試験での合否判定が得られず、遅れれば遅れるほど不利になります。模擬試験で得られる偏差値は、数回受ける模擬試験の平均値に信頼がおけるからです。

●受験のための情報収集

首都圏の高校ではさまざまな受験方法があります。

公立と私立とでは受験の仕方や合否の判断基準が大きく違います。また、一般入試のほかに推薦入試があり、推薦入試も単願（専願）推薦や併願推薦と呼ばれる入試があるなど、かなり複雑です。

それらの制度を理解して受験をす

ればアドバンテージを持って受験を進められますが、逆の場合は、学力があっても不利な受験を強いられることにもなりかねません。

まず、志望している学校にはどんな受験方法があるのかをホームページなどで調べましょう。そろそろ配付が始まる入試要項を手に入れ、一般入試の合否基準、推薦の基準、受験方法による優遇制度の有無などを調べましょう。

そのほか、入学金の振り込みを公立高校の合格発表まで待ってくれるのか、延納金を支払う必要があるのかなども重要です。

●第1志望校と併願校

受験校は公立高校を1校、複数受験できる私立高校は2～3校程度をメドに受験校を決めます。

私立高校を2～3校受験し、最後に公立高校を受験するのが基本パターンです。どんなレベルの私立高校をどの順番で受けるかを進学塾の先生にも相談して、うまく計画を立てましょう。最初に受けるのはいわゆる「安全校」にします。そうすれば、2校目以降の入試を受けるとき、心の持ちようが違ってきます。

入試初日は、それがどんな学校であってもどうしても緊張します。いつもの力を出しきるのは困難といってもいいでしょう。万一、初日の入試で不本意な結果になると、その後の入試までマイナス思考の連続になってしまいかねません。

1校でも合格を得ることで、「やってきた勉強に間違いがない」「努力は報われる」という自信にもつながり、翌日からの入試、また第1志望校に向かって、強気で進むことができるでしょう。

11月

●合否は三者面談で決まる

中学校3年生にとって、受験校を決める最終局面が公立中学校での「三者面談」です。三者面談というのは11月下旬から始まる面談で、通学している中学校の担任の先生、受験生、保護者の三者が、志望校を決めるために話しあうものです。

なぜ11月に三者面談があるのでしょうか。それは、12月中旬に私立高校の入試相談があるからです（埼玉では「個別相談」）。

私立高校の推薦入試では、事前に成績の合格基準が示されています。

そこで、その基準をもとに、その学校に合格できるかどうかを、事前に私立高校側と中学校の先生が話しあう場が12月なかばの入試相談です。中学校では12月の私立高校入試相談に向けて、自らの中学校の「どの生徒」が「どの私立高校」を受験するのかをリストアップしていきます。そのための最終確認が三者面談なのです。

ただし、埼玉県ではこの中学校を巻き込んでの入試相談は行われません。埼玉県では、保護者・受験生が、私立の学校説明会や進路相談会と呼ばれるイベントに臨んで自分で各私立高校と相談をします。これが埼玉独自の「個別相談」です。

さて、東京、神奈川、千葉の三者面談に話を戻します。

中学校の先生は、生徒の成績をよく把握していますし、高校のこともよく知っています。受験をする高校がなかなか決まらないという場合も頼りになる存在です。

三者面談で担任の先生は、第1志望は公立か、私立かなど、おおまかな希望を聞くことから始めます。

進学塾に通っていれば、すでに塾の先生と相談して志望校が決まっていると思います。その志望校をメモしておいて、三者面談で示すようにします。

受験生も保護者も、あとで後悔しないように、先生に対して「言いたいことは言う、尋ねたいことは尋ねる」姿勢が大切です。

●安全策に走りがち

私立高校には、「学力試験で合否を決める学校」と「入試相談で合否をほぼ決める学校」の2種類があります。入試相談で合否を決める学校ということは、内申で合否を決める学校と言い換えることもできます。

前者は、推薦入試での定員が少ない難関校、上位校です。後者には残る大半の私立高校が入ります。

ですから、ほとんどの私立高校の合否は、じつは12月中旬の「入試相談」の段階で決まってしまうと言っても過言ではありません。

さて、三者面談で注意してほしいことがあります。

先生の考えが「安全志向」に走る傾向があるということです。中学校の先生が、三者面談で最も力点を置くのは「その年度の卒業生全員を確実に高校に進学させる」ことです。

ですから、中学校の三者面談では、「入試相談のある学校」を「安全校」として強くすすめられます。入試相談で私立高校側から「大丈夫です」と言ってもらえれば、ほぼ合格が約束されますから、受験生・先生ともに安心して受験に臨めるからです。

つまり、中学校の先生にとって、三者面談では「安全校を決めること」が最大の目的と言っていいのです。

「高校に合格したい」という意味では、中学校の先生と受験生の希望は一致しているのに、三者面談では、受験生と先生との間に意識の差が出てしまうことがあります。

先生がすすめる「安全校」の最たるものが、私立高校の「単願（専願）推薦」です。

単願推薦でも学力試験のある学校もありますが、それはごく一部の私立難関校で、それを除くほとんどの私立高校の単願推薦は、中学校の先生との入試相談で受けることが決まれば「合格」です。

ただし、単願推薦で受験できるのは「その学校のみ」です。公立にしろ私立にしろほかの学校は受けられません。

中学校の先生にとって「単願推薦」での受験は、「確実な合格」と「最小限の受験校数」の2つを同時に実現する制度なのです。受験生にとっても、とてもよい制度のように思えます。その時点で受験勉強から解放されるからです。

中学校の先生から提案されれば、ついつい受けてしまいそうになるものです。しかし、多くの場合、「単願推薦」で合格を約束してもらえる学校は、自分の本来の志望より一段レベルが落ちる学校です。

まだまだ、受験の2月までは実力は伸び続けるのに、11月に安易に「合格」に走るのは考えものです。

三者面談で最も大切なことは、「自分はどこの高校に行きたいのか」をはっきりと先生に伝えることです。とくに第1志望校については、自分の気持ちを強く伝えましょう。

そのうえで「私立高校の合格基準」と「現時点での成績」をもとに先生はアドバイスしてくれるはずです。よく話しあいましょう。

12月

●中学校と私立高校が入試相談

私立高校の推薦入試には2種のパターンがあります。1つは前述した「単願（専願）推薦」で「その学校しか受けません。受かったらその学校に行きます」と約束するものです。

もう1つは「公立高校が受かったらその公立に行きますが、公立不合格の場合はこの私立に必ず行きます」と約束する「併願推薦」です。

私立高校の「推薦入試」は、公立高校の入試よりも前に行われます。

私立高校の推薦入試に出願するためには、各校によって示されている「推薦基準」を満たしていなければなりません。「推薦基準」は、「5教科で合わせて○以上」など、内申点で規定している学校がほとんどです。

それらを前提に、中学校の先生は、前項の「三者面談」で決めた、生徒が「受けたい私立高校」に出かけていきます。そして、その学校を「受けたい生徒全員のリスト」について、1人ひとり、生徒の（推薦入試での）合格可能性を相談します。このように、中学校の先生と私立高校側が話しあうのが「入試相談」です。

入試相談は、東京、神奈川、千葉のほとんどの私立高校で、12月の中旬から下旬の、それぞれの私立高校が決めた期間に行われます。異なるのは埼玉で、前述の通り「個別相談」で受験生・保護者が直接、私立高校と相談します。

この入試相談で、私立高校は生徒1人ひとりについて答えます。ある意味あいまいな答えにも聞こえるのですが「この生徒は大丈夫です」とか、逆に「一般入試の方で頑張ってもらった方がいい」などの返答になります。

ここで「大丈夫です」とか「推薦入試に出願していいですよ」と答えてくれるようなら、合格可能性がかなり高い返答と言えます。

1月・2月

東京・神奈川は、推薦入試が1月22日から、一般入試は2月10日から開始されます。神奈川では、2013年度（平成25年度）から公立高校が入試機会を一本化したのを受けて「推薦Ⅱ」は廃止され、私立高校の推薦入試は私立高校を第1志望とする受験生のための入試となり、公立高校との併願を希望する受験生は、すべて私立高校の一般入試を受験することになりました。

埼玉では、公立高校の入試制度が大きく変更されたことに伴い、私立高校の入試開始日も1月22日からとなり、ほとんどの私立高校が1月のうちに多くの定員を確保してしまいます。

千葉は、1月17日から前期選抜、2月5日から後期選抜が実施されます。

首都3県で難関大の合格率を伸ばしたのは

安田教育研究所 副代表　平松 享

今春、埼玉、千葉、神奈川の高校から、《国公立大＋早慶上理》に合格した件数を、各校の卒業生数で割って、合格率を算出しました。

また、5年前と比べて、伸びの大きい学校を調べ、今後も「大学合格力」を高める可能性のある学校をピックアップしてみました。（データは㈱大学通信が調べた資料から安田教育研究所が集計。順位などを含む数値は暫定的なものです）

首都圏全体で約6千件の増加

【表1】では、首都圏（東京、神奈川、千葉、埼玉）の高校から、「国公立大」、「早慶上理」、「難関国立大（東京大、京都大、一橋大、東京工大、北海道大、東北大、名古屋大、大阪大、九州大、東京医科歯科大、お茶の水女子大、東京外語大、筑波大、神戸大）」について、2009年（平成21年）と今春の合格件数と、伸び率を地域別、設置者別にまとめました。

今春、国公立大学への合格件数は1万6885件ありました。2009年の1万4449件より約2500件増えて、5年前の117％に伸びています。

これに早慶上理（早稲田大、慶應義塾大、上智大、東京理科大）の増加数、約3500件を加えると、「国公立大」＋「早慶上理」の5年間の増加件数は、約6000件と、激増しています。

これを地域別、設置者別にみると、どの地域でも、今春の合格件数が、5年前の件数を上回っていることがわかります。

地方の高校生が首都圏の大学を受験しにくくなったこと、逆に、首都圏の高校の生徒の関心が、地方の国立大学にも向けられるようになったことなど、原因はさまざまですが、首都圏では、この5年間に「大学合格力」を高める高校が、公私を問わず、次々と現われてきたことは確かです。

合格件数の伸び率を、東京を除いた3県の公私で比べると、国公立大合計では、神奈川…公立123％、私立106％、千葉…公立114・3％、私立114・2％、埼玉…112％、私立110％と、3県ともに公立の伸び率が私立を上回っています。

とくに、難関国立大合計では、神奈川の公立が2009年→2014年で、251件→398件と159％に伸長するなど、3県合計で307件を増やし、1269件と、私立の1279件に肉薄しています。

国公立大学への進学を掲げる施策が、東京以外でも実を結びつつあるようです。

逆に、早慶上理の伸び率では、3県とも、私立が公立を上回りました。

表1

所在地	校種別	国公立大合計 09年	⇒	国公立大合計 14年	率	早慶上理合計 09年	⇒	早慶上理合計 14年	率	(内)難関国立大合計 09年	⇒	(内)難関国立大合計 14年	率
1都3県計	国	588	⇒	606	103%	1122	⇒	1041	93%	384	⇒	334	87%
	公	6336	⇒	**7758**	**122%**	10010	⇒	10773	108%	1427	⇒	1987	139%
	私	7525	⇒	8521	113%	18027	⇒	20881	116%	2591	⇒	3240	125%
	計	14449	⇒	**16885**	**117%**	29159	⇒	32695	112%	4402	⇒	5561	126%
東京	国	580	⇒	597	103%	1122	⇒	1041	93%	380	⇒	330	87%
	公	1772	⇒	2459	139%	3065	⇒	3746	122%	465	⇒	718	154%
	私	3837	⇒	4494	117%	10232	⇒	12285	120%	1529	⇒	1961	128%
	計	6189	⇒	7550	122%	14419	⇒	17072	118%	2374	⇒	3009	127%
神奈川	公	1367	⇒	1681	123%	2467	⇒	2825	**114.5%**	251	⇒	398	159%
	私	1636	⇒	1733	106%	3993	⇒	4611	**115.5%**	571	⇒	682	119%
	計	3003	⇒	3414	114%	6460	⇒	7436	115%	822	⇒	1080	131%
千葉	公	1451	⇒	**1658**	**114.3%**	2162	⇒	2068	96%	303	⇒	359	118%
	私	879	⇒	1004	114.2%	1901	⇒	2067	109%	258	⇒	340	132%
	計	2330	⇒	2662	114%	4063	⇒	4135	102%	561	⇒	700	125%
埼玉	公	1746	⇒	1960	112%	2316	⇒	2134	92%	408	⇒	512	125%
	私	1173	⇒	1290	110%	1901	⇒	1918	101%	233	⇒	257	110%
	計	2927	⇒	3257	111%	4217	⇒	4052	96%	645	⇒	772	120%

大きく伸ばした東京の私立

5年前より「国公立＋早慶上理」の合格率を伸ばした学校を、東京を含めて順に並べると、次のようになりました。【順位、学校名、地域、設置者、増加％（2009年→今春）で表示】

①**世田谷学園**（東京・私）…90％増（122％→212％）
②**市立横浜サイエンスフロンティア**（神奈川・公）…84％増（0％→84％）
③**東京都市大付属**（東京・私）…78％増（30％→108％）
④**本郷**（東京・私）…75％増（103％→178％）
⑤**青山**（東京・公）…61％増（65％→126％）
⑥**桜修館中等教育学校**（東京・公）…57％増（7％→64％）
⑦**豊島岡女子学園**（東京・私）…51％増（137％→188％）
⑧**横浜翠嵐**（神奈川・公）…50％増（127％→177％）
⑨**芝**（東京・私）…48％増（125％→173％）
⑩**市川**（千葉・私）…48％増（104％→152％）
⑪**かえつ有明**（東京・私）…48％増（1％→49％）
⑫**攻玉社**（東京・私）…47％増（135％→182％）
⑬**浦和明の星女子**（埼玉・私）…46％増（92％→138％）
⑭**鷗友学園女子**（東京・私）…46％増（103％→149％）
⑮**九段中等教育学校**（東京・公）…45％増（8％→53％）

15校のうち、私立が10校、公立が5校となりますが、新設を除いた公立高校は、神奈川の**横浜翠嵐**だけです。

地域では、東京が11校、神奈川2校、千葉、埼玉各1校と東京が圧倒しています。

2009年から今春の「国公立大＋早慶上理」の合格率を大幅に高めているのは、首都圏では、東京の私立といえます。

地域ごとに私立と比べる

ここからは、地域別に、5年間の伸びを、私立を交えて調べてみましょう。国公立大への合格件数の推移も記しました。

神奈川では

①**市立横浜サイエンスフロンティア**（公）…84%増（新設↓84%）うち国公立（0件↓98件）

②**横浜翠嵐**（公）…50%増（127%↓177%）うち国公立（121件↓155件）

③**湘南白百合学園**（私）…42%増（60%↓102%）うち国公立（26件↓32件）

④**神奈川大附属**（私）…36%増（69%↓105%）うち国公立（46件↓71件）

⑤**桐蔭学園中等教育学校**（私）…34%増（102%↓136%）うち国公立（51件↓53件）

⑥**逗子開成**（私）…32%増（81%↓113%）うち国公立（72件↓91件）

⑦**洗足学園**（私）…25%増（73%↓98%）うち国公立（53件↓55件）

⑧**サレジオ学院**（私）…25%増（139%↓164%）うち国公立（68件↓65件）

⑨**カリタス女子**（私）…21%増（26%↓47%）うち国公立（14件↓19件）

⑩**横浜共立学園**（私）…20%増（102%↓122%）うち国公立（34件↓47件）

⑪**桐光学園**（私）…20%増（65%↓85%）うち国公立（123件↓120件）

⑫**湘南**（公）…19%増（120%↓139%）うち国公立（123件↓148件）

⑬**多摩**（公）…17%増（33%↓50%）うち国公立（23件↓41件）

表2

地域	国公立早慶上理占有率		高校名	国公立大学計			(内)難関国立大学計			(内)近郊11大学(※)計			早慶上理計			G-MARCH計		
	14年	9年		09年	⇒	14年	09年	⇒	14年	09年	⇒	14年	09年	⇒	14年	09年	→	14年
神奈川	177%	127%	横浜翠嵐	121	⇒	155	44	⇒	77	52	⇒	48	226	⇒	332	221	⇒	301
	139%	120%	湘南	123	⇒	148	35	⇒	75	67	⇒	49	260	⇒	348	305	⇒	360
	120%	130%	柏陽	109	⇒	125	27	⇒	29	55	⇒	63	204	⇒	210	206	⇒	343
	84%	新設	市立横浜サイエンスフロンティア	0	⇒	98	0	⇒	25	0	⇒	43	0	⇒	101	0	⇒	137
	79%	85%	厚木	76	⇒	99	16	⇒	31	50	⇒	47	153	⇒	149	270	⇒	331
	67%	92%	横浜緑ヶ丘	58	⇒	45	7	⇒	6	38	⇒	32	161	⇒	142	211	⇒	292
	66%	65%	光陵	48	⇒	43	4	⇒	5	32	⇒	27	105	⇒	114	210	⇒	261
	66%	64%	小田原	71	⇒	98	16	⇒	32	29	⇒	37	134	⇒	111	274	⇒	269
	63%	48%	川和	44	⇒	56	10	⇒	7	24	⇒	42	89	⇒	143	203	⇒	404
	62%	75%	平塚江南	66	⇒	66	17	⇒	19	39	⇒	43	138	⇒	128	260	⇒	276
	60%	66%	県立横須賀	76	⇒	61	16	⇒	9	38	⇒	33	105	⇒	107	212	⇒	218
	50%	33%	多摩	23	⇒	41	4	⇒	6	19	⇒	30	56	⇒	99	191	⇒	273
	46%	43%	県立相模原	36	⇒	47	4	⇒	3	25	⇒	33	65	⇒	80	181	⇒	320
	43%	37%	希望ヶ丘	39	⇒	47	3	⇒	8	28	⇒	28	66	⇒	73	168	⇒	251
	33%	20%	金沢	29	⇒	49	2	⇒	9	20	⇒	31	27	⇒	41	120	⇒	176
	30%	22%	横浜国際	16	⇒	19	5	⇒	8	8	⇒	7	35	⇒	29	39	⇒	92
	30%	17%	大和	9	⇒	30	1	⇒	3	7	⇒	18	32	⇒	54	108	⇒	239
千葉	175%	186%	県立千葉	170	⇒	179	82	⇒	88	45	⇒	54	423	⇒	390	226	⇒	231
	132%	112%	東葛飾	108	⇒	139	49	⇒	56	43	⇒	52	321	⇒	345	313	⇒	352
	121%	103%	県立船橋	127	⇒	182	43	⇒	76	68	⇒	78	253	⇒	214	319	⇒	300
	89%	106%	千葉東	152	⇒	136	37	⇒	35	88	⇒	59	192	⇒	152	313	⇒	264
	65%	68%	佐倉	79	⇒	86	15	⇒	11	47	⇒	49	138	⇒	123	264	⇒	279
	55%	47%	薬園台	46	⇒	53	5	⇒	8	33	⇒	33	99	⇒	123	267	⇒	337
	50%	57%	長生	109	⇒	117	10	⇒	15	57	⇒	49	77	⇒	55	217	⇒	203
	42%	35%	市立千葉	38	⇒	51	0	⇒	5	26	⇒	29	76	⇒	83	187	⇒	285
	38%	22%	市立稲毛	26	⇒	48	2	⇒	12	13	⇒	20	44	⇒	73	180	⇒	296
	37%	21%	船橋東	22	⇒	52	1	⇒	1	15	⇒	30	46	⇒	69	125	⇒	218
	33%	37%	佐原	90	⇒	92	11	⇒	9	34	⇒	38	34	⇒	23	81	⇒	107
	33%	31%	県立柏	18	⇒	38	5	⇒	8	7	⇒	16	81	⇒	67	199	⇒	188
	27%	43%	木更津	70	⇒	50	9	⇒	5	40	⇒	34	69	⇒	38	164	⇒	123
	22%	17%	八千代	20	⇒	21	2	⇒	3	14	⇒	7	36	⇒	50	153	⇒	141
	21%	23%	小金	22	⇒	24	2	⇒	5	8	⇒	8	42	⇒	46	117	⇒	207
埼玉	151%	186%	県立浦和	233	⇒	199	108	⇒	126	90	⇒	37	356	⇒	355	321	⇒	306
	136%	110%	大宮	114	⇒	187	28	⇒	65	62	⇒	75	274	⇒	305	384	⇒	429
	113%	141%	県立川越	141	⇒	138	42	⇒	50	82	⇒	63	316	⇒	271	389	⇒	421
	101%	85%	春日部	106	⇒	145	38	⇒	48	48	⇒	72	197	⇒	219	309	⇒	381
	93%	113%	浦和第一女子	126	⇒	137	43	⇒	52	58	⇒	61	233	⇒	204	344	⇒	377
	65%	79%	熊谷	120	⇒	138	37	⇒	20	63	⇒	77	162	⇒	101	297	⇒	289
	62%	59%	市立浦和	98	⇒	94	12	⇒	22	64	⇒	57	118	⇒	105	325	⇒	335
	48%	70%	川越女子	88	⇒	89	25	⇒	33	48	⇒	39	135	⇒	85	335	⇒	286
	38%	41%	不動岡	81	⇒	81	13	⇒	13	45	⇒	54	70	⇒	59	188	⇒	239
	37%	49%	越谷北	88	⇒	67	16	⇒	10	58	⇒	32	84	⇒	66	219	⇒	226
	31%	40%	蕨	76	⇒	62	6	⇒	11	55	⇒	35	55	⇒	52	211	⇒	217
	28%	35%	所沢北	54	⇒	48	3	⇒	6	36	⇒	33	71	⇒	57	218	⇒	283
	25%	24%	熊谷女子	58	⇒	71	9	⇒	11	28	⇒	32	25	⇒	20	95	⇒	87
	23%	7%	川口北	15	⇒	48	1	⇒	4	9	⇒	23	7	⇒	24	80	⇒	100
	22%	10%	浦和西	22	⇒	54	2	⇒	4	11	⇒	32	13	⇒	23	107	⇒	178
	16%	8%	越ヶ谷	18	⇒	36	1	⇒	3	9	⇒	23	7	⇒	16	73	⇒	143

※近郊 11 大学…宇都宮大、群馬大、埼玉大、千葉大、東京学芸大、東京農工大、東京海洋大、電気通信大、首都大学東京、横浜国立大、横浜市立大

⑭**川和**（公）…15％増（48％→63％）うち国公立（44件→56件）
⑮**金沢**（公）…13％増（20％→33％）うち国公立（29件→49件）
⑯**大和**（公）…13％増（17％→30％）うち国公立（9件→30件）
⑰**神奈川学園**（私）…12％増（4％→16％）うち国公立（2件→8件）
⑱**市ヶ尾**（公）…10％増（2％→12％）うち国公立（2件→19件）

「国公立大＋早慶上理」の伸びが10％以上の学校は、私立10校、公立8校が入りました。

公立のうち、①**市立横浜サイエンスフロンティア**、②**横浜翠嵐**、⑫**湘南**、⑬**多摩**、⑭**川和**、⑯**大和**の6校は「学力向上進学重点校」の指定校です。なかでも、**横浜翠嵐**の伸びが目覚ましいです。

千葉では

①**市川**（私）…48％増（104％→152％）うち国公立（87件→169件）
②**麗澤**（私）…23％増（30％→53％）うち国公立（25件→57件）
③**昭和学院秀英**（私）…21％増（109％→130％）うち国公立（64件→91件）
④**東葛飾**（公）…20％増（112％→132％）うち国公立（108件→139件）
⑤**県立船橋**（公）…18％増（103％→121％）うち国公立（127件→182件）、
⑥**船橋東**（公）…16％増（21％→37％）うち国公立（22件→52件）
⑦**市立稲毛**（公）…16％増（22％→38％）うち国公立（26件→48件）
⑧**東邦大付属東邦**（私）…13％増（97％→110％）うち国公立（105件→102件）
⑨**千葉国際**（私）…10％増（3％→13％）うち国公立（4件→10件）

伸びが10％以上の学校は9校、このうち私立が5校、公立は4校ですが、いずれも国公立大の合格件数を増やしています。

埼玉では

①**浦和明の星女子**（私）…46％増（92％→138％）うち国公立（34件→55件）
②**本庄東**（私）…34％増（23％→57％）うち国公立（48件→98件）
③**大宮**（公）…26％増（110％→136％）うち国公立（114件→187件）
④**大宮開成**（私）…26％増（17％→43％）うち国公立（46件→99件）
⑤**開智未来**（私）…25％増（新設→25％）うち国公立（0件→18件）
⑥**開智**（私）…19％増（69％→88％）うち国公立（123件→144件）
⑦**春日部**（公）…16％増（85％→101％）うち国公立（106件→145件）、
⑧**川口北**（公）…16％増（7％→23％）うち国公立（15件→48件）
⑨**栄東**（私）…14％増（114％→128％）うち国公立（189件→132件）、
⑩**浦和西**（公）…12％増（10％→22％）うち国公立（22件→54件）

10％以上の学校は10校で、このうち私立が6校、公立は4校です。ここでも国公立大学への合格件数の伸びがめだちます。

右ページの**【表2】**には、3県の公立の「国公立大＋早慶上理」の合格率を、今年の値の大きい順に並べました。参考にしてください。

知って得する偏差値の仕組みと特徴

前号で模擬試験の活用法について触れました。今回は、その模擬試験につきものの「偏差値」の仕組みと特徴を知り、どう活用していけばよいのかについてお話しします。偏差値は、その使い方を知っていれば「学校選び」の指標としての強い味方です。うまく利用しましょう。

偏差値で自分の学力位置を知る

偏差値は自分の学力が、同じ高校を志望する集団のなかでどのあたりにあるかを判断するときに非常に有効です。

志望校へ向かっていく受験生活のなかで、この秋の時期から大切なのが、志望校および併願校の最終決定です。その作業のポイントとなるのが「偏差値」といえます。今回はその偏差値についてのお話です。

さて、すでに模擬試験は受けてみましたか。

模擬試験を受けたあと、2週間ほどすると返却されてくる資料には、あなたの偏差値が記されていたはずです。

また、これとは別に各高校に付された偏差値も、「○○県内私立高校偏差値表」などといった形で手に入れることができたでしょう。

両方の偏差値を見比べながら、最終的な学校選びをしていくのが一般的です。

今回はそのあたりのことをふまえながら、偏差値とどうつきあっていったらよいのかを考えてみます。

さて、偏差値とは、いったいどのようなものなのでしょうか。

偏差値という言葉は、よく知られるようになってきましたが、本来の偏差値の仕組みについては意外と知られていません。

偏差値は統計学から生まれた数値です。偏差値に対して、正しい知識を持ち、その本質を理解し、うまく利用すれば、偏差値は受験生の強い味方になってくれるものです。

計算された結果としての偏差値、「60」や「50」といった数値は、これまでも目にしたことはあるでしょう。ただ、その偏差値の仕組みと意味をよく理解することで、その後の受験作戦が立てやすくなります。

では、偏差値はどのように計算されるのでしょうか。まず、偏差値の仕組みについてお話しします。

そもそも、試験の点数、100点満点のうちの50点などという素点（試験における得点）ではなく、偏差値を成績の指標として用いるのはなぜだと思いますか。

では、例えば、「100点満点のテストで70点はよい成績か」と聞かれたとき、どう答えたらよいでしょ

うか。

この質問に対しては単純には答えられません。「そのテストの平均点」がわからなければ答えようがないからです。

点数が同じ70点だとしても、平均点が30点の試験ならば比較的よい成績といえるでしょうし、平均点が80点の試験ならば、あまりよくない成績となってしまいます。

同じ70点を取ったとしても、受験者の得点のばらつきが異なると、評価も異なります。例えば受験者の得点が0点から60点までの間に集中していて、70点以上はほとんどいないとなると、70点は非常に優秀な成績といえます。

一方、70点以上の受験者が多くいる場合には、同じ70点でも優秀とはいえないことになります。

では、平均点を基準にすれば、「よい成績かどうか」が判断できるのでしょうか。

たとえば、A君が、国語と社会で同じ60点を取りました。国語と社会の平均点が、これも同じ50点だったとします。この国語と社会では、どちらがよい成績だと思えますか。

「同じ成績だ」と感じた読者の方もおられるかもしれません。

では、**【図1】**を見てください。これは決して同じ成績とはいえないでしょう。

社会の得点は広く分布していますが、国語の得点は平均点を中心にまとまっています。

つまり、同じ平均50点でも、社会の60点は少しよい程度、国語の60点はよい成績だといえるでしょう。

【図1】

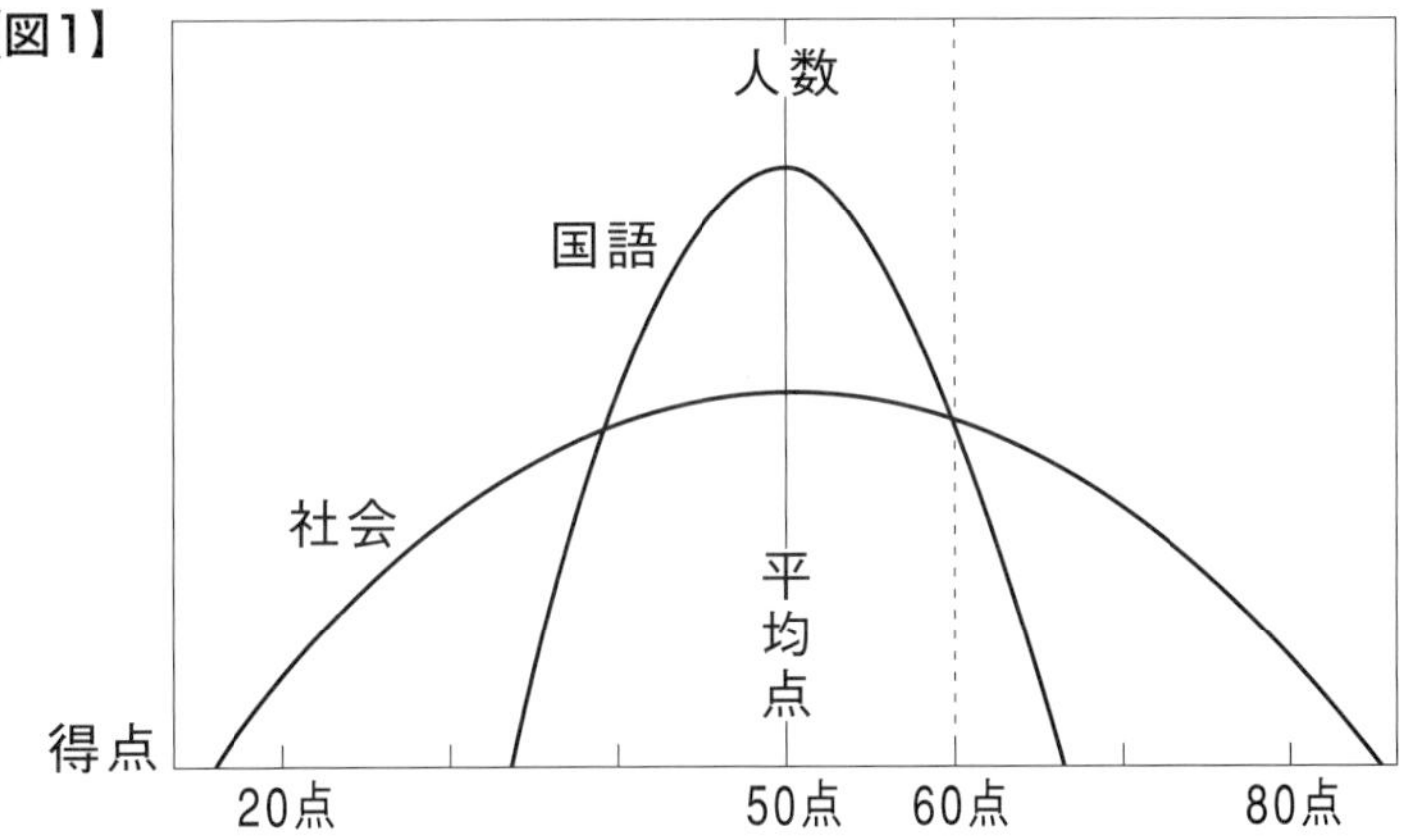

これらのことから、試験の点数（素点）や、平均点からだけでは、その試験の得点がよいのかどうかは判断しかねることがわかったと思います。

平均点がわかっただけでは学力位置はわからない

これまで述べてきたように、素点や平均点がわかっただけでは、自らの成績（学力）が、全体のどの位置にあるのかはなかなか判断がつきにくいということから、それを補うために考え出されたのが偏差値です。

一定数以上の大きな母集団がある場合に、偏差値の考え方が有効になります。

とくに受験の世界では、受験者全体のなかでの自分の位置づけをみるのに非常に有効な指標と認識されるようになったのです。

偏差値とは学力を相対的に評価する数値で、いわば個人の学力位置を知るバロメータともいえるものです。

偏差値の算出方法を、ごく簡単に説明すると、偏差値は、その試験を受けた受験生全体の「平均」からの「偏り」の数値を表し、個人のその試験における成績が、全体の平均からどのくらい高い方、低い方に偏っているかを示す数値なのです。

つまり、その試験を受けた受験生全体のなかで、自分がどの学力位置にいるのか、を知ることができるのが、「偏差値」です。

25～75の50段階で表される偏差値

偏差値は、ある模擬試験を受けた集団の中心を50とおき、それより上位の得点を51、52、53…、下位の成績を49、48、47…と表していきます。そうすると一般的に偏差値は75～25という50段階の数値の幅のなかに生徒の結果が含まれるようになります。

ある科目の偏差値が60であれば、75～25という50段階の数値の幅のなかにあるのが偏差値なのですから、その成績は最上位からおおよそ16％の位置、つまり１００人中16位くらいの順位であり、偏差値が55であれば、最上位からおおよそ31％の位置であることがわかります。これを次に箇条書きにしてみます。

◇

75　最上位から１％の位置にいる
70　最上位から２％の位置にいる
65　最上位から７％の位置にいる
60　最上位から16％の位置にいる
55　最上位から31％の位置にいる
50　ちょうど真ん中の位置にいる
（テスト平均点）
45　最下位から31％の位置にいる
40　最下位から16％の位置にいる
35　最下位から７％の位置にいる
30　最下位から２％の位置にいる
25　最下位から１％の位置にいる

◇

もちろん、この数字はおおざっぱに計算したもので、しかも得点分布が正規分布していることを前提としています。詳しくみれば、例えば偏差値70以上には最上位からの2・28％の受験生が、そして40以下には最下位からの15・87％の受験生が含まれている計算になります。

さて、このように偏差値によって得点だけからは見えにくい、全体の受験者のなかでの、自分の学力位置を知ることができるのです。

ただ、心しておいてほしいことは、偏差値は、あくまでも「特定の母集団のなかでの位置づけ」をみるための指標ですから、１つの試験での自分の偏差値、偏差値表、合格ラインといった数値は、基本的には、「そのとき受けた模擬試験のなか」だけでの数値という意味しか持ちません。それがそのまま、入試での結果にはならないのだということです。

偏差値の数字は母集団の影響が大きい

偏差値に大きな影響を与えるのは、母集団、すなわち受験者全体のレベルです。ですから、ひと口に偏差値といっても、模擬試験機関によって大きな差があります。

「ある模試では偏差値が60だったのに、別の模試では50だった」などという話は、じつは当然のことなのです。これは、その模擬試験を受ける母集団によって、偏差値が大きく違ってくることが原因です。

模擬試験を受ける際には、色々なところの試験を受けてまわるのではなくて、母集団が多くて受験生の顔ぶれがあまり変わらないところの同じ模擬試験を受け続けることが肝要です。

そうしてみて初めて、偏差値があがった（または下がった）という推移に、ある程度の意味が見出せることになります。

いつも同じ顔ぶれの受験生たちが、おおむね同じ人数（なるべく多人数）受けている模擬試験を1カ月に1度、定期的に受けたとするなら、偏差値の変動は、その受験生のその母集団のなかでの学力位置の変動に連動していると考えてよいでしょう。

それでも模擬試験各機関の性格もあって、それぞれの模擬試験ごとの母集団には、どうしても違いが生じます。

偏差値の推移を見るには、母集団の数がそろってくる秋以降、同じ機関（模擬試験を行う会社）が催す模擬試験を複数回受験し、その「平均偏差値」を得ることが必要です。

実際の入試でも、どの程度実力が発揮できるかは、当日の体調によっても違ってきます。入試における偏差値は、「模擬試験の平均偏差値」に比べて＋－3の揺れ幅があるといわれます。

偏差値でいって上下に3ずつもの幅で動く可能性があるということです。ですから、入試当日にこれまでにない成績を出しての逆転勝利も、また、思わぬ敗退も実際に起こりえることなのです。

模擬試験の偏差値をうまく利用することで、勉強の目標を見つけたり、モチベーションを高めたりすることができます。ここで具体的な合格可能性についての見方をご紹介しておきます。

A高校の合格可能性の80％ラインが偏差値60だったとします。

この高校を偏差値60の生徒が100名受験したと仮定して約80人合格するというのが80％ラインです。

さて、偏差値からなにがわかるか、についても考えてみましょう。

ある試験が100点満点の試験だったとすると、少し乱暴な計算ですが、その100点全体の分布を、偏差値として75～25の約50段階で示しているので、単純にいうと偏差値1あたり得点2点の違いだとみることができます。5教科合計が500点満点なら、偏差値1につき得点10点の違いとなります。

ある生徒の偏差値が57だったとします。前述のA高校を受験する場合、いまは合格可能性は50％ですが、合格の可能性を80％以上となる偏差値60を確保したいとするのならば、あと偏差値を3あげなければなりません。ということは、実際の試験を迎えるまでに5科目で30点多く取るようにすれば、80％ラインに近づき、合格の可能性が高くなるわけです。

そのためには各科目ごとに6点上乗せするか、「数学であと何点、国語で何点」と目標の数値を計画していけばいいわけです。

もちろんこれは、かなり乱暴な計算になりますが、おおざっぱに考えているにしても、目標値があればモチベーションもあがるというものです。

8月号の答えと解説

問題　熟語しりとりパズル

スタートから始めて、すでに書かれている漢字や下のカギをヒントに、中心に向けて熟語のしりとりをしながら、すべてのマスを漢字でうめてパズルを完成させてください。ただし、数字のついているマスは、カギの熟語の1文字目が入ります。

最後に色のついたマスを縦に読む3文字の熟語を答えてください。

→スタート

1 清				2		3 画
	11	12			13 力	4
		20		21	14	
10		23				
	19			22	15	5
9	18 絶	17		16		6
小		8			7	雷

<カギ>

1 サイダーや、コーラなどの飲みもの
2 代表的な画家は雪舟
3 全体を一様にそろえること
4 進んだり退いたりすること。また、よくなったり悪くなったりすること
5 一時的にその場所から離れて危険をさけること。避難
6 落雷による被害を防ぐために、建物の上に立てる金属の棒
7 小さいことを大げさに誇張して言いたてること
8 小さな違いはあっても、大体が同じ。似たり寄ったり
9 自分が信仰する宗教と異なる宗教を信仰している人
10 手になにも持たないこと。自分の力以外になにも頼るものがないこと
11 指切り○○ ウソついたら針千本飲～ます
12 ニュートンはリンゴが木から落ちるのを見て発見したといわれるが、これは作り話らしい
13 力士が土俵にあがったときに、ほかの力士から渡される清めの水
14 水の中。表面には現れないところ
15 下の者が上の者に打ち勝って権力を手に入れること
16 よく晴れたいい天気
17 失神ともいう
18 陸地から遠く離れた海。○○の孤島
19 行き先は、ハワイ、イタリア、ドイツなどが人気
20 「役」や「往」などの部首は？
21 日本の天気が西から東へ変わるのも、黄砂がやってくるのもこの風のため
22 甲斐の戦国大名・武田信玄の旗印
23 山のいただき

解答　有頂天

解説

パズルを完成させると、右のようになります。

有頂天とは、仏教の世界観で天上界における最上位の天をいい、ここから、喜びで気分が舞いあがっていること、また、物事に熱中して我を忘れることをいいます。

清	涼	飲	料	水	墨	画
空	拳	万	有	引	力	一
手	旅	行	人	偏	水	進
徒	外	山	頂	西	面	一
教	海	火	林	風	下	退
異	絶	気	天	上	剋	避
小	同	大	棒	小	針	雷

＊言葉の解説

・**一進一退**…進んだり退いたりして、はかどらないこと。また、病状などが、よいときと悪いときを繰り返すこと。ちょっと進んで（一進）は、また退く（一退）、ということから、物事が先へ進まず、あまり変化のないことを意味します。

・**針小棒大**…針ほどの小さいことを、棒ほどに大きく言うという意味で、ちょっとした事柄を大げさに言うことをいいます。

・**大同小異**…「大同」は、大体同じであること、「小異」は、わずかな違いの意味。これから、細かな部分は異なっているが、大体は同じであることをいいます。似た意味の熟語に、同工異曲・五十歩百歩があります。

・**徒手空拳**…「徒手」「空拳」は、ともに素手のことで、手になにも持っていないこと。また、なにかを始めようとするときに、資金や地位もなく、自分の力だけが頼りであることをいいます。

中学生のための

学習パズル

今月号の問題

論理パズル

同じ中学に通うA君、B君、C君の３人の生徒は、それぞれ、東町、中町、西町のいずれかに住み、野球部、サッカー部、陸上部のいずれかに入っています。３人は、住んでいる町も、入っている部も異なっていて、次の①～③のことがわかっています。

① 野球部に入っている生徒は、A君と同じ学年である。

② サッカー部に入っている生徒は、中町に住んでいる。

③ 陸上部に入っている生徒は、東町に住んでいるB君より１学年下である。

このとき、C君について正しく述べているのは、下の**ア～オ**のうち、どれでしょうか？

ア 野球部で、東町に住んでいる。

イ 野球部で、西町に住んでいる。

ウ サッカー部で、中町に住んでいる。

エ 陸上部で、東町に住んでいる。

オ 陸上部で、西町に住んでいる。

8月号学習パズル当選者

全正解者32名

山田 佐紀さん（東京都八王子市・中３）
徳永 良明さん（神奈川県横浜市・中１）
伊藤 宏美さん（千葉県我孫子市・中１）

応募方法

●必須記入事項

01 クイズの答え
02 住所
03 氏名（フリガナ）
04 学年
05 年齢
06 右のアンケート解答
展覧会（詳細は105ページ）の招待券をご希望の方は、「○○展招待券希望」と明記してください。

◎すべての項目にお答えのうえ、ご応募ください。
◎ハガキ・FAX・e-mailのいずれかでご応募ください。
◎正解者のなかから抽選で３名の方に図書カードをプレゼントいたします。
◎当選者の発表は本誌2014年12月号誌上の予定です。

●下記のアンケートにお答えください。

A今月号でおもしろかった記事とその理由
B今後、特集してほしい企画
C今後、取り上げてほしい高校など
Dその他、本誌をお読みになっての感想

◆2014年10月15日（当日消印有効）

◆あて先

〒101-0047 東京都千代田区内神田2-4-2
グローバル教育出版 サクセス編集室
FAX：03-5939-6014
e-mail:success15@g-ap.com

成《せい》城《じょう》学《がく》園《えん》高等学校

- 東京都世田谷区成城6-1-20
- 小田急線「成城学園前駅」徒歩7分
- 03-3482-2104
- http://www.seijogakuen.ed.jp/chukou/

学校説明会
すべて14：00
10月4日（土）
11月15日（土）
12月6日（土）

体育祭
10月8日（水）

文化祭
11月2日（日）
11月3日（月祝）

問題

下の図のように，∠ABC＝∠AED＝90°，∠BAE＝150°，AB＝ED＝3，BC＝AE＝6の五角形ABCDEがある。
次の問いに答えよ。

（1）CDの長さを求めよ。

（2）半径1の円を，この五角形の辺と接するように転がし，五角形の外側を1周させた。

①図に示された$\angle a$，$\angle b$，$\angle c$，$\angle d$，$\angle e$の大きさの和を求めよ。

②円が通った部分の面積を求めよ。

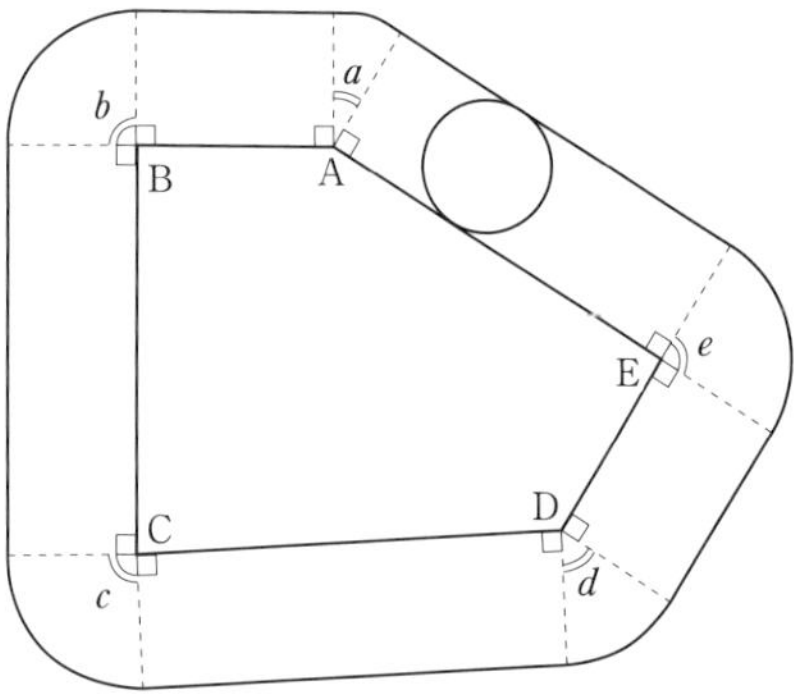

解答 （1）$3\sqrt{5}$　（2）①360°　②$4\pi+36+6\sqrt{5}$

日《に》本《ほん》大《だい》学《がく》藤《ふじ》沢《さわ》高等学校

- 神奈川県藤沢市亀井野1866
- 小田急江ノ島線「六会日大前駅」徒歩8分
- 0466-81-0123
- http://www.fujisawa.hs.nihon-u.ac.jp/

入試説明会
すべて14：00～15：00
10月25日（土）
11月22日（土）
11月29日（土）

入試日程
推薦入試　1月22日（木）
一般入試　2月10日（火）

問題

図において，円C_1は原点を中心とし半径6の円，円C_2は中心A（3，0），半径3の円である。また，円C_3は円C_1に内接し，円C_2に外接しながら動く円であり，この円C_3の中心をBとする。ただし，Bはx軸より上部にあるとする。

このとき，次の［1］～［9］にあてはまる数を答えなさい。

(1) つねにAB＋BO＝［1］である。

(2) 円C_3の中心がy軸上にあるとき，円C_3の半径は［2］であり，AB＝［3］，OB＝［4］となる。

(3) 円C_3がx軸に接するとき，円C_3の半径は$\dfrac{[5]}{[6]}$であり，AB＝$\dfrac{[7][8]}{[9]}$である。

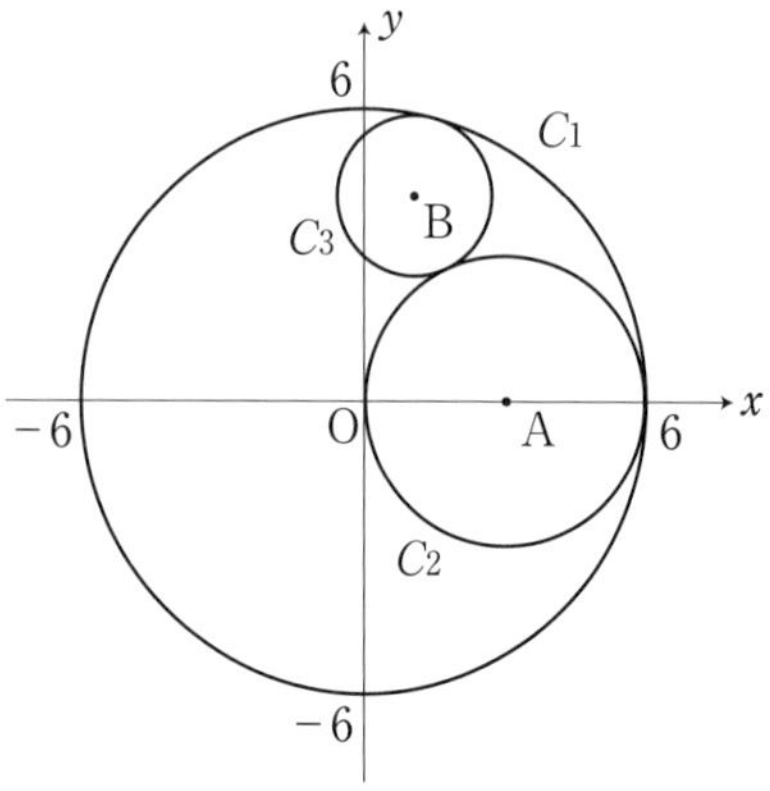

解答 ［1］9　［2］2　［3］5　［4］4　［5］8　［6］3　［7］1　［8］7　［9］3

私立高校の入試問題

國《こく》學《がく》院《いん》大《だい》學《がく》久《く》我《が》山《やま》高等学校

問題

右の図のように，点A（8，6）とし，点Bをx軸上の正の部分にとる。また点Dを OD＝３となるように線分OA上に，点CをOC＝５となるように線分OB上にとる。

∠OCD＝∠OABとなるとき，次の問いに答えなさい。

（1）直線OAの式を求めなさい。

（2）点Dの座標を求めなさい。

（3）直線ABの式を求めなさい。

（4）点Bを通り，四角形DCBAの面積を二等分する直線と辺DAの交点の座標を求めなさい。

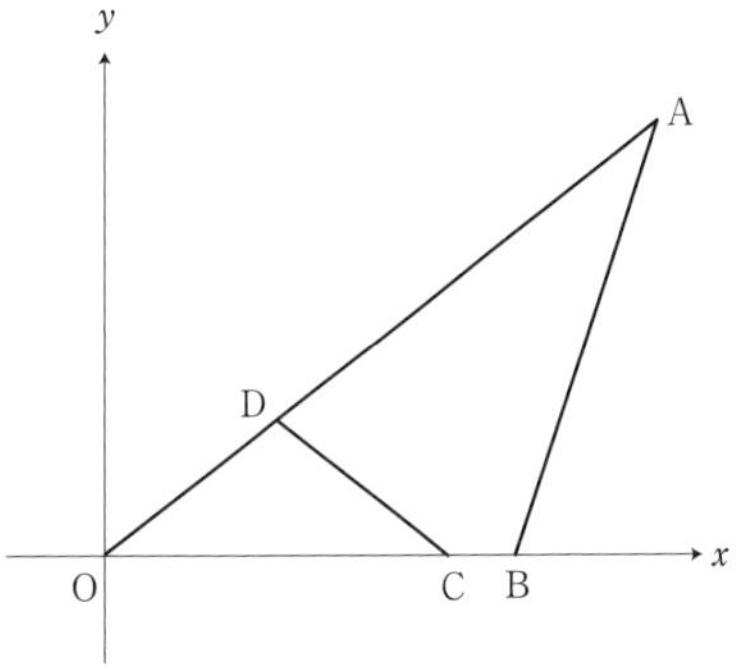

解答 （1）$y=\frac{3}{4}x$　（2）（$\frac{12}{5}$，$\frac{9}{5}$）　（3）$y=3x-18$　（4）（5，$\frac{15}{4}$）

■ 東京都杉並区久我山1-9-1
■ 京王井の頭線「久我山駅」徒歩12分、京王線「千歳烏山駅」バス
■ 03-3334-1151
■ http://www.kugayama-h.ed.jp/

久我山祭（文化祭）
9月27日（土）
9月28日（日）

学校説明会
10月４日（土）　12：15
11月15日（土）　男子15：30
　　　　　　　　女子15：15

入試日程
帰国生入試　１月11日（日）
推薦入試　１月22日（木）
一般入試　２月12日（木）
※男子：文科系・理科系の選択制
※女子：理科系のみ

聖《しょう》徳《とく》学《がく》園《えん》高等学校

問題

１辺が４cmの立方体$ABCD-EFGH$について，次の各問に答えなさい。

（1）立方体を平面ACFで切ったときにできる立体$ACD-EFGH$の体積を求めなさい。

（2）立体$ACD-EFGH$の表面積を求めなさい。

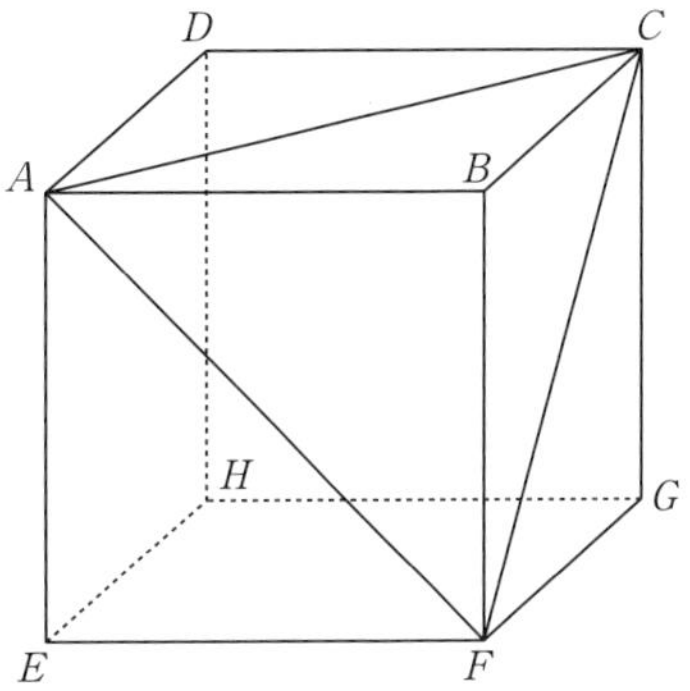

解答 （1）$\frac{160}{3}$cm³　（2）$72+8\sqrt{3}$cm²

■ 東京都武蔵野市境南町2-11-8
■ JR中央線「武蔵境駅」徒歩３分
■ 0422-31-5121
■ http://www.shotoku.ed.jp/

太子祭（文化祭）
両日とも10：00～15：00
９月20日（土）
９月21日（日）

学校説明会
すべて10：00～11：30
10月４日（土）
10月18日（土）
11月８日（土）
11月29日（土）

イブニング説明会
両日とも18：00～19：00
10月10日（金）
11月17日（月）

お便りコーナー

サクセス広場

高校で入りたい部活

ボート部！ 練習とか大変だって聞くけど、かっこよさにひとめぼれ！ しかもボート部は珍しくて、第１志望の高校にしかないので、なにがなんでも合格してみせます！
（中２・コックスさん）

テニス部でさわやかな青春を送りたい！ そして彼女がほしい！
（中２・モテたいさん）

小学校から続けている**野球**を高校でもやりたいです。小１から始めたので、高３まで続けられたら12年続けたことになります。
（中３・野球人生さん）

フリーランニング部があったら入りたいです！ 風を感じたい!!
（中２・Y.Fさん）

男だけど**調理部**。運動系のクラブとかけ持ちしながらやりたいと思ってます。料理ができる男はモテるでしょう！
（中３・こもちみさん）

弓道部です。きりっとした袴姿に憧れます。
（中３・T.Sさん）

落語研究会か、**クイズ研究会**かで迷ってます。落語も好きだけど、高校生クイズに出るのが夢なのでクイズ研究会も捨てがたい…。ので、兼部も考え中です。
（中３・噺家クイズ王さん）

街で見かけたおもしろいもの

近くの幼稚園前の電柱には**「園児に注意！」**の看板が。車に呼びかけているんだろうけど、一瞬凶暴な園児がいるのかと思いました。
（中３・保母さんになりたいさん）

この前おばあちゃんちに行ったときに、近くの道路で見つけた**「シルバーゾーン」**。「スクールゾーン」はよく見るけど、「シルバーゾーン」って初めて見た！
（中１・金銀銅さん）

近所を歩いていたら不思議な人を見ました。なんとおばあさんの**頭の上に猫**が乗っていたんです。びっくりして凝視してしまいました。
（中１・犬好きさん）

バナナとか本とかいろんなものが自動販売機で売られてるけど、ついにこの前、**傘の自動販売機**を発見しました！
（中２・初売りさん）

近所のクリーニング店は夜も外から見えるようになっているんですけど、そこに**マネキン**がいます。何度通っても「ビクッ」ってなります。
（中２・M.K.さん）

どんなデートが理想？

２人でひたすらに**食べ歩く**。両方が好きなお店に行きまくる！
（中３・食いしん坊バンザイ！さん）

遊園地で絶叫系に乗りまくる！ でも最後は観覧車から夕日を眺めてロマンチックなデートにしたい。
（中１・K.Uさん）

山登りデートに憧れています！ 励ましあいながら登ったり、頂上でお弁当食べたり、写真を撮ったり、思い出になりそう！
（中３・ミカティさん）

夜景の見えるレストランでシャンパンで乾杯するのが夢なんです。そしてそこでプロポーズされる！
（中２・夢見る乙女さん）

やっぱりデートといえば**ディズニーランド！** おそろいのカシューシャとかつけて、いっしょにはしゃぎたいな～。
（中１・ポップコーンさん）

必須記入事項

A／テーマ、その理由 **B**／住所 **C**／氏名
D／学年 **E**／ご意見、ご感想など

ハガキ、FAX、メールを下記までどしどしお寄せください!
住所・氏名は正しく書いてください!!
ペンネームは氏名のうしろに(　)で書いてネ!
【例】サク山太郎（サクちゃん）

あて先

〒101-0047　東京都千代田区内神田2-4-2
グローバル教育出版　サクセス編集室
FAX:03-5939-6014
e-mail:success15@g-ap.com

募集中のテーマ

「座右の銘は?」
「欠かさずやっている日課」
「私の暗記法」

応募〆切 2014年10月15日

ここにメールしてね!!

ケータイ・スマホから上のQRコードを読み取り、メールすることもできます。

掲載された方には抽選で図書カードをお届けします!

掲載にあたり一部文章を整理することもございます。個人情報については、図書カードのお届けにのみ使用し、その他の目的では使用いたしません。

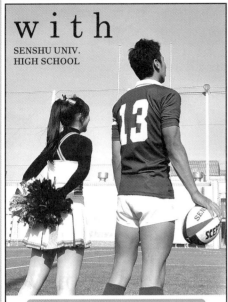

Event

第26回北海道フェアin代々木 ～ザ・北海食道～

10月3日（金）～10月5日（日）
代々木公園野外音楽堂前広場

おいしい北海道をめしあがれ！

食欲の秋をめいっぱい楽しみたい人におすすめなのが、この秋注目の屋外大型物産イベント「北海道フェアin代々木」だ。シャケ・ウニ・ホタテ・イクラ・カニなどの新鮮な魚介や、野菜・肉、大人気の北海道スイーツなど、北海道のご当地グルメを秋空の下で堪能できる。100以上の店舗が出店しているので、なにを食べようか迷うほどだ。友だちとみんなで行くのもいいし、家族で出かけるのも楽しそう。

Art

チューリヒ美術館展

9月25日（木）～12月15日（月）
国立新美術館

アンリ・ルソー《X氏の肖像（ピエール・ロティ）》1906年 ©2014 Kunsthaus Zürich. All rights reserved.

「チューリヒ美術館」展の招待券を5組10名様にプレゼントします。応募方法は101ページを参照。

美の大国スイスから近代美術の傑作が来日

10万点以上の所蔵作品を誇るスイスのチューリヒ美術館。そのなかでも世界屈指の規模と言わている19世紀の近現代美術コレクションのなかから、モネ、セザンヌ、ピカソ、ダリ、ルソーといった巨匠の作品や、ホドラー、ココシュカ、クレー、ジャコメッティといったスイスゆかりの画家たちの作品など全74点が来日。豪華なラインナップで見るものを圧倒させる美術ファン必見の内容だ。

サクセス イベントスケジュール

9月～10月

世間で注目のイベントを紹介

Art

菱田春草展

9月23日（火・祝）～11月3日（月・祝）
東京国立近代美術館

《王昭君《おうしょうくん》》1902（明治35）年 重要文化財 善寶寺 展示期間：通期（9月23日～11月3日）

柔らかな色彩 菱田春草の世界

日本画の展覧会を見に行って、芸術の秋を満喫してはいかがだろうか。明治時代を代表する日本画家、菱田春草の生誕140年を記念し、東京国立近代美術館では、100点以上の作品を集めた大回顧展が開催される。「落葉」連作5点や「黒き猫」、「王昭君」といった代表作の出展をはじめ、最新の研究成果も紹介される。繊細な麗しさを持つ菱田春草の日本画の魅力を体感してほしい。

Event

ナマステ・インディア2014

9月20日（土）～9月21日（日）
代々木公園イベント広場

日本最大級のインド・フェスティバル

外国の国々や国際交流に興味のある人は、「ナマステ・インディア2014」に参加してみよう。今年で22回目となるこのイベントは、インドのさまざまな文化を紹介する日本最大級のインド・フェスティバル。本場のインド料理が味わえる屋台や、インドに関するものならなんでもそろう充実の物販コーナー、インドの舞踊や音楽のステージ、サリーの着付け体験などなど、インドを丸ごと体験できるイベントだ。

“個別指導”だからできること × “早稲アカ”だからできること

難関校にも対応できる

弱点科目を集中的に学習できる

最終授業が20時から受けられる

早稲アカのカリキュラムで学習できる

広がる早稲田アカデミー個別指導ネットワーク

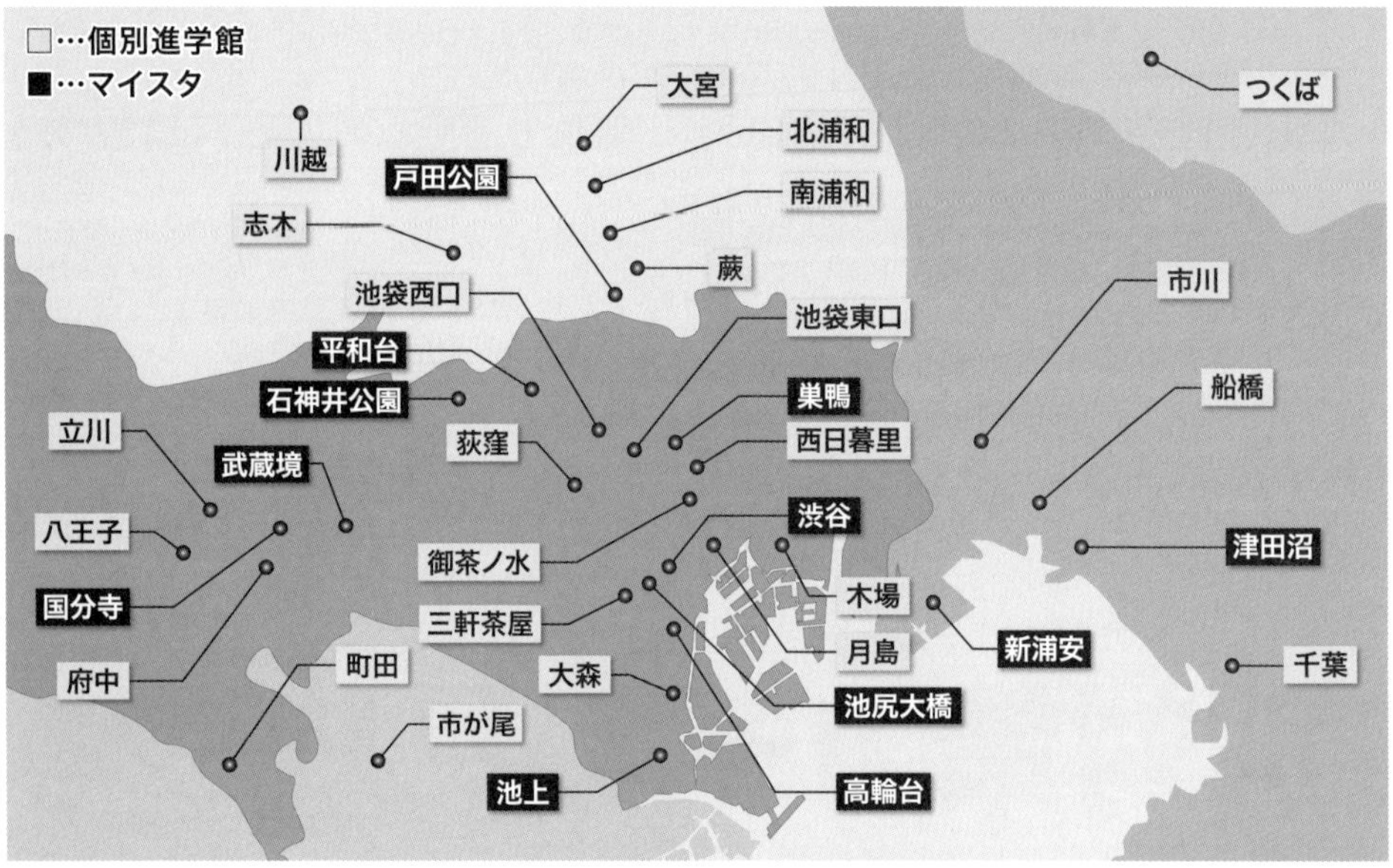

マイスタは2001年に池尻大橋教室・戸田公園教室の2校でスタートし、個別進学館は2010年の志木校の1校でスタートした、早稲田アカデミーの個別指導ブランドです。お子様の状況に応じて受講時間・受講科目が選べます。また、早稲田アカデミーの個別指導なので、集団授業と同内容を個別指導で受講することができます。マイスタは1授業80分で1:1または1:2の指導形式です。個別進学館は1授業90分で指導形式は1:2となっています。カリキュラムなどはお子様の学習状況、志望校などにより異なってきます。お気軽にお近くの教室・校舎にお問い合わせください。

悩んでいます… **中2**

クラブチームに所属していて、近くの早稲アカに通いたいのに、曜日が合わない科目があります。

解決します！

早稲アカの個別指導では、集団校舎のカリキュラムに準拠した指導が受けられます。数学だけ曜日があわないのであれば、数学だけ個別で受講することも可能です。もちろん、3科目を個別指導で受講することもできます。

悩んでいます… **中3**

中２の途中から英語が難しくなってきて、中３の学習内容も理解できているか心配です。

解決します！

個別指導はひとりひとりに合わせたカリキュラムを作成します。集団校舎で中３内容を、個別指導では中２内容を学習することも可能です。早稲田アカデミー集団校舎にお通いの場合は、担当と連携し、最適なカリキュラムを提案します。

悩んでいます… **中3**

中２範囲の一次関数がとても苦手です。自分でやろうとしても分からないことだらけで…。

解決します！

個別指導では範囲を絞った学習も可能です。一次関数だけ、平方根だけなど、苦手な部分を集中的に学習することで理解を深めることができます。『説明を聞く→自分で解く』この繰り返しで、分かるをできるにかえていきます。

「個別指導」という選択肢――

《早稲田アカデミーの個別指導ブランド》

MYSTA 早稲田アカデミー 個別指導マイスタ

早稲田アカデミー 個別進学館

○目標・目的から逆算された学習計画

マイスタ・個別進学館は早稲田アカデミーの個別指導ブランドです。個別指導の良さは、一人ひとりに合わせた指導。自分のペースで苦手科目・苦手分野の学習ができます。しかし、目標には必ず期日が必要です。そこで、期日までに必要な学習内容を終えるための、逆算された学習計画が必要になります。早稲田アカデミーの個別指導では、入塾の際に長期目標／中期目標を保護者・お子様との面談を通じて設定し、その目標に向かって学習計画を立てることで、勉強への集中力を高めるようにしています。

○集団授業のノウハウを個別指導用にカスタマイズ

マイスタ・個別進学館の学習カリキュラムは、早稲田アカデミーの集団授業のカリキュラムを元に、個別指導用にカスタマイズしたカリキュラムです。目標達成までに何をどれだけ学習するかを明確にし、必要な学習量を示し、毎回の授業・宿題を通じて目標に向けて学習し続けるためのモチベーションを維持していきます。そのために早稲田アカデミー集団校舎が持っている『学習する空間作り』のノウハウを個別指導にも導入しています。

○難関校にも対応

マイスタ・個別進学館は進学個別指導塾です。早稲田アカデミー教務部と連携し、難関校と呼ばれる学校の受験をお考えのお子様の学習カリキュラムも作成します。また、早稲田アカデミーオリジナルの難関校向け教材も、カリキュラムによっては使用することができます。

好きな曜日!!

「火曜日はピアノのレッスンがあるので集団塾に通えない…」そんなお子様でも安心!!好きな曜日や都合の良い曜日に受講できます。

1科目でもOK!!

「得意な英語だけを伸ばしたい」「数学が苦手で特別な対策が必要」など、目的・目標は様々。1科目限定の集中特訓も可能です。

好きな時間帯!!

「土曜のお昼だけに通いたい」というお子様や、「部活のある日は遅い時間帯に通いたい」というお子様まで、自由に時間帯を設定できます。

回数も自由に設定!!

一人ひとりの目標・レベルに合わせて受講回数を設定できます。各科目ごとに受講回数を設定できるので、苦手な科目を多めに設定することも可能です。

苦手な単元を徹底演習!

平面図形だけを徹底的にやりたい。関係代名詞の理解が不十分、力学がとても苦手…。オーダーメイドカリキュラムなら、苦手な単元だけを学習することも可能です!

定期テスト対策をしたい!

塾の勉強と並行して、学校の定期テスト対策もしたい。学校の教科書に沿った学習ができるのも個別指導の良さです。苦手な科目を中心に、テスト前には授業を増やして対策することも可能です。

お子様の夢、目標を私たちに応援させてください。

無料 個別カウンセリング 受付中

その悩み、学習課題、私たちが解決します。 個別相談時間 30分～1時間

勉強に関することで、悩んでいることがあればぜひ聞かせてください。経験豊富なスタッフが最新の入試情報と指導経験をフルに活用し、丁寧にお応えします。 ※ご希望の時間帯でご予約できます。お電話にてお気軽にお申し込みください。

早稲田アカデミーの個別指導は首都圏に36校〈マイスタ12教室 個別進学館24校舎〉

パソコン・スマホで MYSTA または 個別進学館 検索

Success15 Back Number

2014 9月号

こんなに楽しい！
高校の体育祭・文化祭
英語でことわざ

SCHOOL EXPRESS
渋谷教育学園幕張

Focus on
東京都立国分寺

2014 8月号

2014年
夏休み徹底活用術
夏バテしない身体作り

SCHOOL EXPRESS
市川

Focus on
埼玉県立川越女子

2014 7月号

イチから考える
志望校の選び方
日本全国なんでもベスト3

SCHOOL EXPRESS
筑波大学附属

Focus on
東京都立三田

2014 6月号

難関国立・私立校の
入試問題分析2014
快眠のススメ

SCHOOL EXPRESS
豊島岡女子学園

Focus on
埼玉県立春日部

2014 5月号

先輩に聞く!!
難関校合格への軌跡
高校図書館＆オススメ本

SCHOOL EXPRESS
お茶の水女子大学附属

Focus on
神奈川県立厚木

2014 4月号

勉強も部活動も頑張りたいキミに
両立のコツ、教えます
水族館・動物園などのガイドツアー

SCHOOL EXPRESS
慶應義塾

Focus on
東京都立駒場

2014 3月号

どんなことをしているの？
高校生の個人研究・卒業論文
理系知識を活かしたコンテスト

SCHOOL EXPRESS
東京学芸大学附属

Focus on
千葉県立船橋

2014 2月号

勉強から不安解消まで
先輩たちの受験直前体験談
合格祈願グッズ

SCHOOL EXPRESS
開成

Focus on
千葉県立千葉

2014 1月号

冬休みの勉強法
和田式ケアレスミス撃退法
直前期の健康維持法

SCHOOL EXPRESS
早稲田大学本庄高等学院

Focus on
埼玉県立大宮

2013 12月号

東京大学ってこんなところ
東大のいろは
「ゆる体操」でリラックス

SCHOOL EXPRESS
早稲田大学高等学院

Focus on
埼玉県立浦和第一女子

2013 11月号

教えて大学博士！
なりたい職業から学部を考える
学校カフェテリアへようこそ

SCHOOL EXPRESS
慶應義塾志木

Focus on
千葉県立東葛飾

2013 10月号

模試を有効活用して
合格を勝ち取る！
中1・中2　英・国・数

SCHOOL EXPRESS
桐朋

Focus on
神奈川県立川和

2013 9月号

SSHの魅力に迫る！
東京歴史探訪

SCHOOL EXPRESS
法政大学第二

Focus on
東京都立立川

2013 8月号

現役高校生に聞いた！
中3の夏休みの過ごし方
自由研究のススメ

SCHOOL EXPRESS
中央大学附属

Focus on
埼玉県立浦和

2013 7月号

学校を選ぼう
共学校・男子校・女子校のよさを教えます！
使ってナットク文房具

SCHOOL EXPRESS
栄東

Focus on
神奈川県立横浜翠嵐

2013 6月号

今年出た！ 高校入試の
記述問題にチャレンジ
図書館で勉強しよう

SCHOOL EXPRESS
青山学院高等部

Focus on
東京都立国立

2013 5月号

難関校に合格した
先輩たちの金言
英語で読書

SCHOOL EXPRESS
山手学院

Focus on
東京都立戸山

これより前のバックナンバーはホームページでご覧いただけます（http://success.waseda-ac.net/）

サクセス15 バックナンバー 好評発売中！

How to order バックナンバーのお求めは

バックナンバーのご注文は電話・FAX・ホームページにてお受けしております。詳しくは112ページの「information」をご覧ください。

<コーナー名>

ア行
あたまをよくする健康…… 71
あれも日本語 これも日本語…… 69
英語で話そう！…… 53

カ行
高校受験ここが知りたいQ&A…… 81
高校入試の基礎知識…… 96
公立CLOSE UP…… 92

サ行
サクセスイベントスケジュール……105
サクセスシネマ…… 77
サクセス書評…… 75
サクセス広場……104
サクセスランキング…… 83
サクニュー‼…… 73
15歳の考現学…… 86
私立INSIDE…… 88
私立高校の入試問題に挑戦‼……102
SCHOOL EXPRESS…… 24
School Navi…… 30
世界の先端技術…… 55
先輩に聞け！　大学ナビゲーター 64

タ行
大学生の先輩に聞く　２学期から伸びる勉強のコツ…… 9
楽しみmath数学! DX…… 50
知的なゲーム 「ディベート」の魅力とは…… 16
中学生のための学習パズル……100
東大手帖～東大生の楽しい毎日～ 21
東大入試突破への現国の習慣…… 48

ナ行
なんとなく得した気分になる話…… 79

ハ行
バックナンバー……110
Focus ON 公立高校…… 34

マ行
正尾佐の高校受験指南書…… 44
ミステリーハンターQの歴男・歴女養成講座…… 67
みんなの数学広場…… 58

ワ行
和田式教育的指導…… 40

<本文中記事>

ア行
青山学院大……23, 56, 62
青山高（都立）……50, 93
市ヶ尾高（県立）…… 95
市川高…… 93
稲毛高（市立）…… 95
上野学園高…… 60
浦和明の星女子高…… 93
浦和第一女子高（県立）…… 65
浦和西高（県立）…… 95
桜修館中等教育（都立）…… 93
桜美林高…… 47
鷗友学園女子高…… 93
大阪大…… 92
大宮開成高…… 95
大宮高（県立）…… 95
岡山操山高（県立）…… 19
岡山白陵高…… 19
お茶の水女子大…… 92

カ行
開智高……56, 95
開智未来高…… 95
かえつ有明高……43, 93
学習院大……23, 56, 62
春日部共栄高…… 32
春日部高（県立）…… 95
神奈川学園高…… 95
神奈川大学附属高…… 94
金沢高（市立）…… 95
鎌倉学園高…… 19
カリタス女子高…… 94
川口北高（県立）…… 95
川和高（県立）…… 95
九州大……75, 92
京都大……57, 86, 92
クイーンズランド大…… 29
九段中等教育（区立）……93, 112
慶應義塾高……17, 112
慶應義塾女子高…… 9
慶應義塾大…9, 43, 56, 62, 65, 75, 92, 112
京華高……表2
京華商業高……表2
京華女子高……表2
ケンブリッジ大…… 43
工学院大…… 30
工学院大学附属高……30, 33
攻玉社高…… 93
佼成学園高…… 52
佼成学園女子高…… 2
神戸大…… 92
國學院大學久我山高……103
国際基督教大（ICU）…… 62
駒込高…… 89

サ行
栄東高……8, 95
桜丘高…… 54
サレジオ学院高…… 94
芝高…… 93
渋谷教育学園幕張高…… 66
十文字高…… 44
淑徳巣鴨高…… 31
順天高…… 68
上智大……23, 43, 56, 62, 92
聖徳学園高……103
湘南高（県立）…… 94
湘南白百合学園高…… 94
城北高…… 70
昭和学院秀英高…… 95
杉並学院高…… 95
逗子開成高…… 94
スタンフォード大…… 62
聖光学院高…… 19
成城学園高……102
正則高…… 20
西武学園文理高…… 1
世田谷学園高…… 93
専修大学附属高……105
洗足学園高…… 94

タ行
台湾台中第一高級中…… 26
竹園高（県立）…… 9
多摩高（県立）…… 94
千葉高（県立）…… 18
千葉国際高…… 95
千葉大…… 16
中央大……23, 56, 62
中央大学高…… 58
筑波大……24, 92
筑波大学附属駒場高…… 24
鶴見大学附属高…… 93
帝京高…… 22
帝京大…… 22
戸板女子高…… 38
桐蔭学園中等教育…… 94
東海高…… 19
東海大学相模高…… 19
東京医科歯科大…… 92
東京外国語大…… 92
東京学芸大学附属高…… 9
東京工業大…… 92
東京大…9, 21, 27, 29, 31, 48, 56, 92
東京都市大学等々力高…… 45
東京都市大学付属高…… 93
東京理科大……43, 56, 62, 92
東京立正高…… 72
桐光学園高…… 94
桐朋高……表3
東邦大学付属東邦高……90, 95
東北大……64, 92
東洋大学附属牛久高…… 91
豊島岡女子学園高…… 93
豊島学院高…… 74
富山第一高…… 19

ナ行
名古屋大…… 92
南山高…… 17
西高（都立）…… 9
日本大学豊山女子高…… 97
日本大学藤沢高……102

ハ行
八王子高…… 84
東葛飾高（県立）…… 95
一橋大…… 92
広島学院高…… 19
富士見丘高…… 28
船橋高（県立）…… 95
船橋東高（県立）…… 95
法政大……23, 56, 62
宝仙学園共学部理数インター…… 62
ボストン大…… 65
保善高…… 76
北海道大…… 92
堀川高（市立）…… 86
本郷高……93, 98
本庄東高…… 95

マ行
三田国際学園高…… 38
明治大……23, 56, 62, 64, 83
明治大学付属中野高…… 78
明星高…… 80
明法高…… 99

ヤ行
薬園台高（県立）…… 34
大和高（県立）…… 95
横浜共立学園高…… 94
横浜サイエンスフロンティア高（市立）93
横浜翠嵐高（県立）…… 93

ラ行
ラ・サール高…… 9
立教大……23, 56, 62
麗澤高…… 95
ロンドン大…… 29

ワ行
早稲田摂陵高…… 82
早稲田大…9, 23, 43, 56, 62, 92
早稲田大学高等学院…… 19

Success15

10月号

編集後記

まだまだ残暑の厳しい日もありますが、9月ともなると空気のなかに「秋」の到来を感じることも多くなりました。「ディベート特集」の取材はまだ8月の夏真っ盛りという時期で、慶應義塾高へ向かうため慶應義塾大日吉キャンパスのイチョウ並木をセミの大合唱を聞きながら、「まさに『蝉時雨』！　なんとも言い得て妙な言葉だなぁ」などと感じながら歩いたことが印象に残っています。こうしたなにげないところで季節を感じるとちょっと素敵な気分になりませんか。中学生のみなさんは、2学期が始まり、学校生活に受験勉強に忙しい毎日だと思いますが、季節を楽しむ気持ちの余裕を忘れずに過ごしてほしいです。　　　　（H）

Next Issue 11月号は…

Special 1

過去問対策

Special 2

文房具特集

School Express

立教新座高等学校

Focus on 公立高校

神奈川県立柏陽高等学校

※特集内容および掲載校は変更されることがあります

サクセス編集室お問い合わせ先

TEL 03-5939-7928
FAX 03-5939-6014

高校受験ガイドブック2014⑩ サクセス15

発行　2014年9月13日　初版第一刷発行
発行所　株式会社グローバル教育出版
〒101-0047 東京都千代田区内神田2-4-2
ＴＥＬ　03-3253-5944
ＦＡＸ　03-3253-5945
http://success.waseda-ac.net
e-mail　success15@g-ap.com
郵便振替　00130-3-779535
編集　サクセス編集室
編集協力　株式会社 早稲田アカデミー

Information

『サクセス15』は全国の書店にてお買い求めいただけますが、万が一、書店店頭に見当たらない場合は、書店にてご注文いただくか、弊社販売部、もしくはホームページ（左記）よりご注文ください。送料弊社負担にてお送りします。定期購読をご希望いただく場合も、上記と同様の方法でご連絡ください。

Opinion, Impression & etc

本誌をお読みになられてのご感想・ご意見・ご提言などがありましたら、ぜひ当編集室までお声をお寄せください。また、「こんな記事が読みたい」というご要望や、「こういうときはどうしたらいいの」といったご質問などもお待ちしております。今後の参考にさせていただきますので、よろしくお願いいたします。